本书由天津市哲学社会科学规划项目一般项目"大数据语境下上市公司内部控制缺陷的识别与诊断"（批准号TJGL18-011）资助

国 | 研 | 文 | 库

企业内部控制监督成本研究

张 蕾———— 著

光明日报出版社

图书在版编目（CIP）数据

企业内部控制监督成本研究 / 张蕾著. -- 北京：
光明日报出版社，2021.4

ISBN 978 - 7 - 5194 - 5972 - 7

Ⅰ.①企… Ⅱ.①张… Ⅲ.①企业内部管理—成本管
理—研究 Ⅳ.①F275.3

中国版本图书馆 CIP 数据核字（2021）第 068774 号

企业内部控制监督成本研究

QIYE NEIBU KONGZHI JIANDU CHENGBEN YANJIU

著　者：张　蕾			
责任编辑：郭思齐		责任校对：李小蒙	
封面设计：中联华文		责任印制：曹　净	

出版发行：光明日报出版社

地　　址：北京市西城区永安路 106 号，100050

电　　话：010 - 63169890（咨询），010 - 63131930（邮购）

传　　真：010 - 63131930

网　　址：http：//book. gmw. cn

E - mail：guosiqi @ gmw. cn

法律顾问：北京德恒律师事务所龚柳方律师

印　　刷：三河市华东印刷有限公司

装　　订：三河市华东印刷有限公司

本书如有破损、缺页、装订错误，请与本社联系调换，电话：010 - 63131930

开　　本：170mm × 240mm

字　　数：192 千字　　　　　　　印　　张：12

版　　次：2021 年 4 月第 1 版　　　印　　次：2021 年 4 月第 1 次印刷

书　　号：ISBN 978 - 7 - 5194 - 5972 - 7

定　　价：85.00 元

前　言

近 20 年来，国际金融和企业界大量舞弊事件的发生，引起了管理人员和内部审计师对改进企业内部控制有效性的关注。为了支持和促进内部控制系统，Treadway 委员会提出，有效的内部控制监督可以加强内部控制系统的有效性。内部控制监督是现代企业改善经营管理、完善信息系统、减少重大内部控制缺陷发生的重要措施。本书应用可靠性理论、成本效益分析及最优化理论等方法，重点研究了内部控制监督的投资优化问题，构建了最优投资和分配模型，并分析了内部控制监督投资对资本成本的影响。主要研究内容和创新性工作如下。

第一，首先介绍了国内外较著名的内部控制及其监督的框架体系，对国内外有关内部控制及其监督的研究现状进行了分析。其次简单介绍了本书的研究内容、研究方法、创新点及研究框架。最后给出了可靠性理论的相关概念。

第二，本书构建了企业内部控制监督的最优投资分配模型，借鉴了工程领域的可靠性理论，明确了内部控制监督投资的效用函数，以企业效用最大化为决策目标，探讨了在投资预算额一定的情况下资金在各个业务流程中的分配策略。

第三，本书从成本效益原则出发，讨论了如何充分利用有限的资源使企业对内部控制监督的投资获得最大净收益的问题。另外，本书还借鉴了某些法律原则，分析了内部控制监督投资会给企业带来的威慑效应，从而减少舞弊发生的可能性。最后综合了流程之间存在的相互影响，探讨了内部控制监督的最优投资问题。

第四，本书讨论了内部控制监督投资对资本成本的影响。内部控制监督投资可以增加流程的可靠性，提高信息的准确度，降低投资者对公司期末现金流量协方差的估计，改变管理者的投资决策，使资本成本减小。另外，内部控制监督投资增加的威慑效应使管理者的舞弊行为减少，公司的期末现金流量增加，资本成本减小。

本书所建立的最优模型能够适用于指导制定内部控制监督投资策略。最优模型符合内部控制的成本效益原则，有助于在提高内部控制质量的同时，尽量减少企业在内部控制监督上的投入。另外，还从理论上证明了内部控制监督投资可以减小企业的资本成本。

目　录
CONTENTS

第一章

绪论

信息系统应用于各行各业，信息化过程对企业的影响可谓是颠覆性的，它革命性地改变了企业经营管理战略、组织结构、作业与管理流程、人力资源政策以及企业的核心价值体系[1]。党的十八大报告中明确提出，"要推动信息化和工业化深度融合"，加快转变中国经济的发展方式，而工业化与信息化融合本质是在实现工业化过程中做到深度发展企业信息化[2,3,4]，企业是最先体现这种融合的微观组织。张亦春和佘运九[5]就曾针对制度变迁中的银行风险进行了分析，并指出内部控制是防范这些风险的重要手段，而内部控制的实现离不开一个健全、完善的信息收集及传递机制。所以，企业内部控制系统与信息系统的融合就成为企业"推动信息化和工业化深度融合"的重大实践课题。而对于企业来讲，当务之急是要构建科学的、简便易行的信息系统内部控制评价模型，以便发现问题并解决问题。

一、选题背景及意义

（一）选题背景

2001—2002 年，美国发生的安然、世通等财务舞弊案震惊了国际社会和国际资本市场。为此，美国国会于 2002 年 7 月通过了《萨班斯－奥克斯利法案》（Sarbanes－Oxley Act，简称 SOX 法案），其中第 302 条条款（以下简称 SOX302）要求上市公司管理层在季度与年度报表中证明他们已对公司的内部控制进行了评估，并披露其已知的内部控制缺陷。第 404 条条款（以下简称 SOX404）要求公司管理层在年度报告中包含其内部控制有效性的评估报告，同时要求评估报告经过审计师的鉴证[6]。2004 年 6 月，美国公众公司会计监督委员会（Public Company Accounting Oversight Board，PCAOB）颁布了《审计准则第 2 号》，为审计师的内部控制审计工作提供指引。《审计准则第 2 号》要求审计师对内部控制的审计应当涉及：第一，对管理层就公司财务报表内部控制有效性的评价发表评论；第二，评价财务报告内部控制设计和执行的有效性；第三，形成对财务报告内部控制是否有效的审计意见[6]。

上市公司在内部控制报告中要对自身存在的内部控制缺陷进行披露，从而保证投资者充分了解上市公司的内部控制情况，并要求上市公司改善其内部控制状况。受此影响，各国监管部门开始逐渐认识到内部控制对企业自身及资本市场健康稳定发展的重要性。自

2006 年以来，我国发布了一系列内部控制规范及相关指引，要求上市公司对其内部控制有效性进行自我评价，并由会计师事务所对其进行审计，出具鉴证报告，上市公司要将内部控制相关报告对外进行披露。

然而，很多保证其内部控制有效的美国上市公司都发生了这样或那样的舞弊事件，严重者甚至最终导致破产、被收购。这不禁让我们疑虑，是上市公司自身的问题，还是会计师事务所的鉴证问题，或者是内部控制的基本理论出现了问题。企业风险管理的思想已深入上市公司的组织结构之中，并得到有效实施，可为何这些知名企业还是会发生我们不愿看到的事情。根据作者的理解，此类事件不断发生可能主要源于以下三个原因：第一，内部控制评价标准、评价指数及评价模型缺乏可操作性，不能有效指导企业内部的控制实践；第二，信息化背景下，很多内部控制措施要借助于信息技术来实现和执行才能发挥作用，而企业的内部控制不能与信息系统有效融合；第三，公司的组织结构和内部治理出现问题，风险管理不到位。

基于以上事实，企业内部控制的有效性引起了理论界和实务界的关注，同时也引发了学者们对内部控制评价方法的科学性和实用性的新研究，由此产生了内部控制的新理论和新方法，即内部控制监督。2008 年，我国上交所和深交所均开始要求所有上市公司披露其内部控制自我评估报告。这样的做法是保护投资者的一种手段，但是，披露上市公司内部控制质量的终极目标不仅于此，更重要的目标是希望上市公司找到其潜在的内部控制缺陷和可能发生的风险，并制定措施对其进行改进，增加内部控制的有效性，在保证企业经营利润的同时，增加内部控制方面的投资，减少由于内部控制缺陷而导致的损失[7]，使企业在激烈的市场竞争中立于不败之地。

国内外很多学者均已证明内部控制有效性的提高会给企业带来诸多好处，因而企业有动机投入资源改善内部控制。Wagner 和 Dittmar[8]的研究表明对 SOX 法案第 404 条的遵循能增加企业控制环境的强度，减少人为错误，提高流程标准化，进而提高控制程序的效率和效果。Ogneva[9]、Ashbaugh – Skaife[10]、Cassel[11] 以及 Gordon 和 Wilford[12]等的研究表明，尽管 SOX 法案的强制要求对于企业而言是高成本的，但也可能通过降低信息风险而转化为更低的权益资本成本和债务资本成本并最终产生收益。张然等[13]对我国资本市场的类似研究也发现了同样的证据。由此可见，遵循外部监管要求改善内部控制有效性的企业可以获得相应的回报，经理人有动机在内部控制上进行投资，从而增加内部控制与外部监管的遵循成本。因此，我们不难理解，内部控制监管的实施将从外部监督和内在激励两方面对企业的遵循行为产生影响，从而带来额外的执行成本[14]。

尽管内部控制对企业而言有很多好处，但是它的实施是需要投入大量人力、物力和财力的。陈关亭[15]对内部控制效果、风险和成本的关系进行了分析，他指出，从经济学的角度来说，并不是对内部控制的投入越多越好，要充分考虑企业的效用，若控制过多，不仅成本昂贵，而且会伤及生产力。COSO 在《内部控制——整合框架》中对内部控制进行定义的时候，就特别强调，"建立内部控制需考虑成本效益原则"。我国 2008 年颁布的《基本规范》中也明确指出"企业建立与实施内部控制，应当遵循成本效益原则"。内部控制的成本效益原则要求企业在决定是否设立某项控制及其控制程序时，应该将该项控制缺失或存在缺陷所可能发生的潜在风险、建立健全该项控制所形成的效益以及预计发生的相关成本进行综合考虑[15]。

基于上述背景可以得出，对信息系统内部控制的评价只是序曲，针对评价的结果改善内部控制质量才是主题。在提倡"信息化与工业化深度融合"的今天，信息化企业的信息系统发挥着重大的作用。与传统企业不同，实现信息化的企业的内部控制都是内嵌于企业的信息系统之中的，对于这类企业而言，脱离信息系统去评价内部控制显然是不符合实际的。现在大部分研究都集中在如何对内部控制做出评价，但针对信息系统的内部控制评价甚少涉及。此外，如何根据评价结果改善内部控制质量，这方面的研究还是一个空白。

（二）研究意义

1. 理论意义

·本书为信息系统内部控制评价提供了新的思路。根据信息系统的特点，抓住评价内部控制质量的主要因素"内部控制有效性"以及影响该因素的关键"内部控制缺陷率"和"风险发生的概率"，使得信息系统内部控制的评价问题简单明了。

·本书不仅着眼于评价模型的构建问题，更注重评价模型构建后的应用，用经济学的方法解决了企业基于信息系统业务流程的内部控制投资优化问题，为改善业务流程层面的企业内部控制质量提供了决策支持。

·用理论模型检验企业内部控制监督投资对企业资本成本的影响，从本质上揭示了影响存在的机理，使管理者信服，同时也为学术界解决此类问题提供了新的思路。

2. 实践意义

·"内部控制缺陷率"和"风险发生的概率"的得出过程就是企业对自身业务流程所存在的内部控制缺陷及风险的认知和分析的过程,为之后内部控制体系的完善提供了依据。

·发现问题的目的是解决问题,为改善内部控制质量所增加的内部控制监督的投入如何分配,针对某一流程是否增加内部控制监督投资都是企业面临的很现实的问题。本书构建的内部控制监督投资决策优化模型,将为企业的内部控制监督投资提供决策支持。

·通过理论证明增加内部控制监督投资的好处,从而使企业自觉自愿地、符合经济规律地增加内部控制监督的投资。

二、文献综述

以下就已检索到的有关内部控制相关研究的国内外发展动态做简要述评。

(一) 国外研究现状

1. 内部控制体系框架

表 1-1　国外内部控制体系框架

国家	年份	发起部门	框架体系名称	主要内容
美国	1992	COSO	内部控制——整合框架	内部控制五要素
美国	2004	COSO	企业风险管理——整合框架	提出风险组合观,内部控制八要素

续表

国家	年份	发起部门	框架体系名称	主要内容
美国	2006	COSO	较小型公众公司财务报告内部控制指南	成本效率原则
加拿大	1995	COCO	控制指南	内部控制是企业的要素集合体
澳－新	1995	澳大利亚－新西兰	风险管理标准	风险管理是一个过程
英国	1999	特许会计师协会	内部控制框架报告	董事会对公司的内部控制负责
法国	2007	金融监管局	内部控制框架	内部控制程序应用指南
日本	2007	企业会计审计会	财务报告内部控制的管理层评价与审计准则	五要素基础上增加了 IT 应对要素
美国	2013	COSO	内部控制——整合框架	恢复内部控制五要素的提法，是对 1992 年框架的提升和改进
美国	2017	COSO	企业风险管理与战略和业绩的整合	将原来的八个要素删减提炼为五个，从新型的企业管理视角呈现出了不同的管理框架

2. 内部控制评价

以萨班斯法案为时间界限，在该法案实施前，大多数学者利用数学模型来评价内部控制或描述内部控制的状态，仅有较少的实证研究。

Yu 和 Neter[16]认为会计数据的质量是随机变量，会计数据发生错误的过程是随机过程，甚至系统发生错误和改正错误的方式也是随机的。因此，可以用一个随机模型来计算内部控制系统输出错误的概率。本书将业务流程分为若干操作元素，并保证这些元素之间是独立的，然后将操作元素所处的状态分为正确无误、和金额相关的错误、和金额无关的错误以及以上两种错误均存在四类。最后根据审计人员估计的转移概率矩阵和决策概率矩阵计算出输出向量的值，该值可以反映出以上四种状态发生的概率，从而实现对内部控制系统可靠性的评价。Cushing[17]强调了可靠性模型在审计及内部控制评价方面都是非常有用的工具，提出了一种计算可靠性（流程正确执行的概率）的方法。他提出除了要考虑实施内部控制措施后流程可靠性的提高，还要考虑成本的问题。如果实施控制措施后的预期总成本低于实施控制措施之前的预期总成本，那么该控制措施可以采用。但其将控制措施与错误的类型结合起来增加了模型的复杂程度，限制了模型的实际应用。Bodnar[18]在 Cushing 建立模型的基础上，主要从行为科学的角度讨论了人为因素对可靠性的影响，他认为为了内部控制措施而增加的人员可使可靠性增加，但同时这些新增人员的存在也增加了其他错误或共谋发生的可能性。他建立了一个两阶段的可靠性模型，首先利用可靠性理论确定最优的流程连接的结构和方式，然后在第一阶段得到的优化结构的基础上，根据内部控制的要求确保人为错误得以控制和减少。企业在模型应用中不仅要特别关注为增加可靠性而增加的成本、强调专业判断、重视控制系统的结构设计，还要重视监督，监督也是成功的关键。Kinny[19]也是在 Cushing 模型的基础上，扩展了审计决策框架的研究。Hamlen[20]与之前的研究不同，他建立了一个内部控制评价的数学优化模型，这个模型可以在满足特定错误减少率的约束下使成本最小。

Nichols[21]采用两组线性判别分析法建立了一个用于审计人员做出初步判断的描述性模型，并以 79 家公司的应收账款内部控制记录为依据，计算了模型的系数，通过检验证明该模型具有一定的现实意义。

萨班斯法案实施后，它要求上市公司披露管理层内部控制自我评价报告，以及审计师对该公司内部控制及管理层内部控制自我评价报告发表的鉴证意见，其中包括具有实质性内容的（重大）内部控制缺陷的披露，这种法律强制下的制度化披露为开展实证研究提供了大量的公开数据[22]。

大部分学者是以企业内部控制重大缺陷为依据来设计内部控制评价指数的。其中，Ashbaugh – Skaife[23]和 Doyle 等[24]人根据 SOX 法案第 302 条和 404 条款，提出了导致公司内部控制发生重大缺陷的因素及指标。Leone[25]对这两篇文章进行了比较分析，他们分别从组织复杂性、组织变革中存在的风险因素和内部控制相关投资等五个方面对内部控制缺陷进行衡量。现有的研究将内部控制缺陷的决定因素分为两大层面，公司层面和账户层面[24]。公司层面主要包括：公司治理水平和内部控制监督力量[26]以及用于内部控制制度建设的资源投入[27,28]。账户层面的内部控制缺陷多与公司业务的复杂性和组织结构的变动有关[29]，另外还与会计计量和编报的复杂性相关。Klamm 等[30]人以信息技术作为划分公司层面内部控制缺陷的标准，分为与信息技术相关的内部控制缺陷和与信息技术无关的内部控制缺陷。强调了信息技术在内部控制评价中的重要性。Hogan 等[31]人特别强调了内部控制质量、会计报表重述与内部控制缺陷报告及时性之间的关系。

也有学者以内部控制目标的实现程度为基础进行内部控制评价，

如 Chih – Yang Tseng[32]以内部控制目标的实现作为选取评价指标的依据，对内部控制与企业绩效的关系和风险管理与企业绩效的关系这两个问题进行了实证研究。研究表明，内部控制质量弱的企业会存在重大内部控制缺陷，这样的企业的市场价值也会较低，而风险管理与企业绩效的关系要受到环境不确定性、行业竞争、企业规模、企业组织结构的复杂程度和董事会的监督五个因素的影响。Rice 和 Weber[33]研究了在 SOX404 条款下，企业内部控制报告决策的决定因素。本书找到了一组重述公司的样本，他们的原始报告中涉及了与潜在的内部控制缺陷有关的内容。在这些样本中，只有少数公司承认他们在误报期内存在内部控制缺陷，并且这个比例一直在下滑。另外，通过样本还发现报告存在缺陷的可能性与外部资本需求、公司的规模、非审计费用和大型审计公司的存在呈负相关；与财务困境、审计师的努力、之前报告的控制缺陷和重述，以及近期的审计人员和管理人员变更呈正相关。这些均证明了检测和披露动机在是否报告存在的重大缺陷中起着重要的作用，也暗示了 SOX404 条款在向投资者提供企业潜在会计问题的事前警告方面的有效性。

3. 内部控制及其监督的经济后果

还有一些学者围绕内部控制缺陷以及 SOX 法案 302 条款和 404 条款的经济后果做了大量的实证研究，如 Costello 和 Wittenberg – Moerman[34]、Li [35]、Naiker 和 Sharma[36]、Ashbaugh – Skaife[10,37]、Zhang[38]、Raghunandan 和 Rama[39]等。但对于 SOX 法案 302 条款和 404 条款给企业带来的影响有不同的结论，包括正面的、负面的和无显著影响。

Ashbaugh – Skaife 等[10]人以应计项目质量作为衡量盈利质量的

标准，通过实证研究发现审计师对内部控制报告进行评估（SOX 法案 404 条款）对审计质量起到了积极的作用。Ashbaugh – Skaife 等人还[37]研究了内部控制对会计信息质量的改善作用，以及内部控制制度在降低融资成本方面所产生的积极作用。Altamuro 和 Beatty[40]检验了美国联邦存款保险公司改进法案（the Federal Depository Insurance Corporation Improvement Act，FDICIA）中关于内部控制条款对财务报告的影响。这些条款可以增加银行贷款损失准备金（loan – loss provision）的准确性、盈余持续性（earnings persistence）和现金流量的可预测性（cash – flow predictability），减少会计的谨慎性原则对受该法案约束与不受该法案约束的银行之间的差异。最后，通过对中期报告与季度报告的对比得出，如果存在优秀的审计人员，那么他们可以替代内部控制监管。Li 等[35]对财务总监的专业资格、内部控制缺陷、财务总监的业绩、财务总监任职资格的改进以及重大缺陷的更正之间的相互作用进行了全面的梳理。SOX 法案 404 条款改进的建议不是要求企业雇用新的财务总监，而是要求企业雇用专业资格更胜一筹的财务总监。Krishnan 和 Yu[41]讨论了小公司是否可以从内部控制有效性的审计认证中受益的问题。通过对小型的快速申报公司与非快速申报公司的比较，发现需要审计认证的小型快速申报公司过去的收益和当期的现金流量都要高些。也就是说经过审计认证，证明会计报表有效的小型快速申报公司可以通过较高的收益质量获得好处。Su 等[42]讨论了内部控制缺陷披露对公司客户的影响。内部控制缺陷的披露会使客户对公司的能力以及诚信产生质疑，从而降低客户从这类公司购货的意愿，使得公司的销售业绩下滑。Feng 等[43]检验了内部控制对公司运营的影响。通过存货管理方面是否存在重大内部控制缺陷着手，发现存在存货相关内部控制缺陷的公司的存货周转率较低，且经常报告存货减值。De Simone 等[44]探讨了与税收相关的内部控制缺陷产生的经济后果。

Patterson 和 Smith[45]分析了萨班斯法案对审计强度（auditing intensity）和内部控制强度（internal control strength）的影响。作者构建了一个策略审计的模型，旨在帮助审计人员较好地在内部控制测试与实质性测试之间分配资源。当内部控制强度与舞弊紧密相关时，内部控制测试是审计人员非常好的工具。SOX 法案实现了企业内部控制强度增加，舞弊减少的预期效应，但并没有实现控制测试的高水平，从而使得审计风险增加。实施 SOX 法案的巨大成本问题也受到关注，Leuz[46]发现实施 SOX 法案增加了企业负担，导致市场消极反应。Leuz 等[47]通过分析发现 SOX 法案实施后，尽管企业进入次级市场后会发生大量的负向异常收益，但还是出现了进入次级市场的高峰。研究发现，进入次级市场交易的企业大部分是因为对未来的前景不乐观，企业出现危机，这样做可以避免 SOX 法案实施后遵从成本的增加。企业进入次级市场是为了保护私人操纵的利益，减少外部监管，特别是在监管和投资者保护较弱的时候。进入次级市场交易也好，还是企业私有化也罢，均属于经济行为。

Ogneva 等[9]检验了权益资本成本与内部控制缺陷之间的关系，通过实证研究发现存在内部控制缺陷的公司与不存在内部控制缺陷的公司相比，其权益资本成本要稍高。但随着对存在内部控制缺陷的公司的公司特点以及分析师预测偏差的控制，权益资本成本会降低。因此，内部控制缺陷与权益资本成本之间没有直接的联系。Beneish 等[48]对 330 家按照 SOX 法案 302 条款的要求披露的信息未经审计的公司和 383 家按照 SOX 法案 404 条款的要求经审计后才披露信息的公司进行了分析。发现执行 302 条款的公司会发生负的异常收益，而且权益资本成本会大幅增加，也就是说这些公司披露的财务信息的可信性较差。而执行 404 条款的公司的股票价格和资本成本均未发生显著变化。审计师质量会弱化 302 条款的副作用，快速申报和非快速申报相比负向收益更小。该研究的结果也解决了理论界一直争论的问题，即是否应对小型上市公司实施同比例缩小的证券监管。答案是否定的，小型上市公司披露的重大内部控制缺陷会对其产生更大的影响。

在讨论内部控制经济后果的文献中，研究内部控制与资本成本的关系的文献最多。Gebhardt 等[49]利用剩余收益贴现模型（Discounted Residual Income Model）得出市场上隐含的资本成本，并检验了公司特征对资本成本的影响，最后讨论了资本成本对资本预算、投资决策和评估产生的作用。其中，大量文章讨论了信息以及信息披露对资本成本的影响。Botosan 和 Plumlee[50]讨论了披露水平和及时性与资本成本的关系，他们发现资本成本会随着披露水平的增加而减小，但是也会随着披露及时性的增加而增加。Easley 和 O'Hara[51]检验了信息对资本成本的影响，总结了公共信息和公司私有信息对资本成本产生的不同影响。Francis 等[52]检验了资本成本与七个盈余属性之间的关系，分别是应计质量（Accrual Quality）、持续性（Persistence）、可预测性（Predictability）、平滑度（Smoothness）、价值相关性（Value Relevance）、及时性（Timeliness）和稳健性（Conservatism）。前四个属性用于描述会计信息，而后三个属性则与市场相关。各个属性都相对较差的公司的资本成本高于各个属性均相对较好的公司，其中最显著的是应计质量。Hughes 等[53]调查了在有噪声的合理预期模型中，信息和分散投资对资本成本的影响，他们认为只有反映系统因素的公司特有信息才会通过风险溢价对资本成本产生影响。Gordon 和 Wilford[12]再次检验了重大内部控制缺陷与权益资本成本之间的关系，分别讨论了对重大内部控制缺陷进行修正和不修正对权益资本成本的影响。通过连续多年的大样本证实，连续报告的未修正的重大内部控制缺陷对权益资本成本会产生重大的负面影响。Dhaliwal 等[54]与其他人不同，检验了公司债务成本的改变与在 404 条款中披露的重大缺陷之间的关系。研究发现，如果披露重大缺陷的话，通常公司公开交易债务的信贷息差会少量增加。进一步检验发现，由信用评级部门或银行监督的公司发生这种公开交易债务的信贷息差少量增加的现象会比没有被监督的公司更加明显。而银行的监督是出现以上结果的主要驱动因素。这些发现都证明了银行是债务市场的有效监督者。未来的研究需要检验银行监督对债务成本和权益成本所产生的不同影响。

此外，还有一部分学者对早期预警问题进行了研究。Munsif 等[55]在 Hermanson 和 Ye[56]的基础上将研究范围扩展到快速申报公司和非快速申报公司，将研究时间延长到 2007 年和 2008 年。通过实证研究发现，快速申报公司的内部控制的早期预警要少于非快速申报公司。早期预警主要发生在重大内部控制缺陷多、较新的财务总监、较多的审计委员会成员、较频繁的审计委员会会议的公司。Kim 等[57]以 SOX 法案 404 条款下披露内部控制缺陷的借款公司为样本，比较了报告内部控制缺陷与未报告内部控制缺陷的公司之间贷款合同的特点。结果表明：第一，贷款合同条款的其他决定因素一定的情况下，存在内部控制缺陷的公司比不存在内部控制缺陷的公司的贷款利差高 28 个基点。第二，存在较严重的、公司层面的内部控制缺陷的公司所承担的贷款利率明显高于存在不那么严重的、会计层面的内部控制缺陷的公司。第三，存在内部控制缺陷的公司与不存在内部控制缺陷的公司相比，放款方会实行更严格的非价格条款。第四，很少的放款者愿意与存在内部控制缺陷的公司订立贷款合同。第五，对公司内部的分析发现银行会提高存在内部控制缺陷的公司的贷款利率，在披露的内部控制缺陷得到修正后，银行会降低他们的贷款利率。

（二）国内研究现状

1. 我国监管机构颁布的关于内部控制的法律法规

表 1-2 我国内部控制法律法规

时间	发布单位	法律法规名称
1999.10	全国人民代表大会常务委员会	《会计法》（修订）
2000.12	证监会	《公开发行证券公司信息披露编报规则》（第 8 号）
2001—2004	财政部	《内部会计控制规范——基本规范》
2001.01	证监会	《证券公司内部控制指引》
2002.09	中国人民银行	《商业银行内部控制指引》
2003.12	审计署	《审计机关内部控制测评准则》（第 5 号令）
2004.08	银监会	《商业银行内部控制评价试行办法》
2005.06	香港会计师公会	《内部监督与风险管理的基本架构》
2005.11	证监会	《关于提高上市公司质量的意见》

时间	发布单位	法律法规名称
2006.05	证监会	《首次公开发行股票并上市管理办法》
2006.06	上海证券交易所	《上市公司内部控制指引》
2006.06	国资委	《中央企业全面风险管理指引》
2006.09	深圳证券交易所	《上市公司内部控制指引》
2007.03	证监会	《关于开展加强上市公司治理专项活动有关事项的通知》
2007.04	保监会	《保险公司风险管理指引（试行）》
2007.06	银监会	《商业银行内部控制指引》
2008.06	财政部等五部委	《企业内部控制基本规范》
2008.08	国资委	《中央企业资产损失责任追究暂行办法》（第20号令）
2010.04	财政部等五部委	《企业内部控制配套指引》

资料来源：王宏，蒋占华，胡为民，等[58]. 中国上市公司内部控制指数研究[M]. 北京：人民出版社，2011.

2. 内部控制评价

国内学者对内部控制评价问题的研究主要包括以下几个方面：

（1）理论研究

吴秋生和杨瑞平[59]从成本与效率权衡的角度出发，提出了内部控制评价整合的必要性，分别提出了应进行外部主体内整合和内部主体内整合，从而更加有效地推进内部控制的完善程度。池国华[60]指出应该从管理视角出发构建一套具有普遍指导意义且满足我国企业管理层需要的内部控制评价系统模式。杨有红和陈凌云[61]对2007年沪市公司披露内部控制自我评估报告的情况进行统计，分析企业内部控制自我评价对于实现内部控制财务报告及相关信息真实完整目标、资产安全目标、合法合规目标三个基本目标的效果和存在的问题。陈汉文和张宜霞[62]对内部控制的有效性进行了分析，并将目前的内部控制评价方法概括为两大类，一类称为详细评价法，另一类是风险基础法，其中后一类方法具有更高的成本效益和效率。朱荣恩等[63]在介绍美国财务报告内部控制评价发展的基础上总结了对我国的启示。

（2）定量研究

陈关亭等[64]构建了基于企业风险管理框架的内部控制评价模型，主要采用了层次分析法和模糊评价法。杨洁[65]引入 PDCA 循环理论，结合内部控制体系的建设过程，构建了基于 PDCA 循环的内部控制综合评价指标，确立了综合评价内部控制有效性的模型。王海林[66]针对企业内部控制的实施过程，构建了内部控制能力评价的 IC - CMM 模型。韩传模和汪士果[67]以及骆良彬和王河流[68]均利用层次分析法为内部控制有效性评价提供了技术支持。王立勇[69]为内部控制系统构建了定量的评价模型，他主要利用产品的可靠性假设及相关模型来估计每个流程和系统的可靠度。朱卫东[70]和王海林[71]等利用 BP 神经网络构建了内部控制评价模型以及内部控制缺陷的识别模型。黄小琳和陈关亭[72]利用行业聚类分析，探讨了内部控制与绩效之间的关系。

（3）案例研究

除了学术界的研究，实务界也为内部控制的评价系统构建提供了很多有借鉴性的实例。如上海宝钢集团[73]、A 省电网公司[74]、亚新科工业技术有限公司[75]等。袁敏[76]通过戴尔公司财务报表重述的案例，分析了财务报表重述与财务报告内部控制重大缺陷的关系。

除此之外，陈汉文[77]以内部控制五要素为整体逻辑框架，构建了上市公司内部控制评价指数，其中共5个一级指标，24个二级指标，43个三级指标和144个四级指标。张先治和戴文涛[78]提出了构建企业、注册会计师和有关监管部门三位一体的内外部监督综合评价体系的理论框架与评价模型。指标分为三层：第一层为目标层，共4个指标；第二层为准则层，共11个指标；第三层为具体评价层，共61个指标。深圳迪博企业风险管理技术有限公司也一直致力于内部控制体系建设和内部控制指数构建，他们的设计思路是基于过程完善程度的，以内部控制五大要素为指标的第一层，在五大要素下设63个二级指标。

3. 内部控制经济后果

张会丽和吴有红[79]分析了内部控制对现金持有量的影响，认为有效的内部控制可以抑制企业的过度投资，从而可以增加现金持有量以预防风险的发生。刘行健和刘昭[80]主要研究了内部控制质量与企业公允价值和盈余管理之间的关系。张然等[13]通过对沪深上市公司2007—2010年内部控制自我评价报告和鉴证报告的数据进行实证研究，发现其他因素不变的情况下，对外披露内部控制评价报告的上市公司的资本成本低于没有披露的公司，而披露鉴证报告的公司的资本成本又明显低于只披露自我评价报告的公司。张继勋等[81]研究发现，上市公司详细披露内部控制，能明显降低投资者感知的重大错报风险，提高投资者的投资可能性。不同审计意见类型影响了投资者对重大错报风险的感知及其投资可能性。方红星和金玉娜[82]以2009年度A股非金融类上市公司为研究对象，探讨高质量内部控制对盈余管理的影响，结果表明高质量内部控制能够抑制公司的会计选择盈余管理和真实活动盈余管理。黄寿昌等[83]指出自愿披露内部控制报告的上市公司有着更活跃的股票交易以及更低的股票价格波动。杨德明等[84]研究发现内部控制质量的提高有助于抑制大股东资金占用，在审计质量较低的环境下，内部控制所发挥的作用更为明显。此外，陈汉文和周中胜[85]基于我国上市公司的数据探讨了内部控制水平对债务资本成本的影响，得到内部控制水平越高债务成本越低的结论。林钟高和丁茂桓[86]分析了内部控制缺陷及其修复对企业债务融资成本的影响。

谢凡等[87]以2014年所有A股主板上市公司为样本，详细描述了强制实施环境下上市公司内部控制缺陷披露的现状，并利用统计检验方法分析了内部控制缺陷披露与经济后果之间的关系。此外还有一部分学者对内部控制缺陷的认定标准及其与内部控制审计费用之间的关系进行了研究。丁友刚和王永超[88]以沪深A股上市公司披露的2011年内部控制评价报告为研究对象，从重要性和可能性两个维度考察了上市公司内部控制缺陷认定定量标准的制定情况，并运用内容分析法从缺陷事件的性质、发生的可能性和影响的严重程度三个维度考察了上市公司内部控制缺陷认定定性标准的制定情况。张俊民[89]以及芦雅婷[90]等从内部控制缺陷定量认定标准的自由裁量角度分析内部控制审计费用的影响因素。

根据对目前国内外研究文献的梳理，学术界对内部控制及其监督的研究已取得相当成果，但仍存在以下不足：

·目前国内关于内部控制评价的研究主要集中于以内部控制五要素为基础进行的指标设计和评价，或是以内部控制目标的实现程度为基础的设计。内部控制评价指数的设计过于重视公司层面的指标，对业务流程层面关注甚少。

·近几年的实证研究主要侧重于财务报告的内部控制，即审计视角的内部控制，多以企业自愿披露的关于内部控制的信息或会计师事务所发表的重大缺陷为依据对内部控制进行评价，而没有突出广义的包含管理控制和公司治理的内部控制。

·以往的研究将内部控制缺陷分为公司层面的内部控制缺陷和账户层面的内部控制缺陷，而研究的重点也放在了公司的重大内部控制缺陷上，这些研究方法在信息化环境下并不适用。很小的缺陷就可能会导致信息系统的失灵，而缺陷一般隐藏于业务流程中，而非账户中。

·通过对国内外研究情况的综述不难发现，大部分研究集中于企业对内部控制及其有效性的评价问题，而对于内部控制质量如何改善鲜有研究。内部控制质量的提高需要对企业的内部控制增加监督，而监督又需要投入大量的资金，那么这些资金如何分配，在什么情况下进行投资才能使企业获得最大收益等方面的研究也还很少。

三、本书研究内容及创新点

（一）研究内容

1. 内部控制监督的最优投资分配问题

内部控制监督是现代企业改善经营管理、降低重大内部控制缺陷发生可能性的重要措施。第三章构建了一个企业内部控制监督的最优投资分配模型，该模型提出了内部控制缺陷率和流程可靠性两个概念，认为增加对内部控制监督的投资可以降低内部控制缺陷率，从而增加流程可靠性。本章借鉴了工程领域的可靠性理论，定义了内部控制监督投资的效用函数，以企业效用最大化为决策目标，考虑在投资预算额一定的情况下资金在各个业务流程中的分配策略。模型分析表明，以串联方式连接的流程在增加内部控制监督投资时，投资额的大小与该流程实际发生风险的可能性相关，实际发生风险的可能性越大，投资额与该流程内部控制强度的乘积就越大。而在并联系统中，流程投资额的大小与各流程的内部控制强度有关。当各个流程的内部控制强度相等时，并联系统的最优投资额在各流程间平均分配时系统的效用最大。此外，本书还证明了并联系统的效用高于串联系统。

2. 考虑威慑效应和交互效应的内部控制监督投资决策问题

第四章从成本效益原则出发，主要讨论了如何充分利用有限的资源使企业对内部控制监督的投资获得最大净收益的问题。在基础模型中，当流程的预期损失超过内部控制强度的平均无效水平时，企业会增加投资；当流程的预期损失是内部控制强度的平均无效水平的 4 倍时，企业投入的金额达到最大。在考虑威慑效应的模型中，当投资无效性较低时，企业对流程的内部控制监督投资随着威慑效应系数的增大而减小；当其适中时，内部控制监督投资与威慑效应系数呈倒 U 型关系；当其超过某一较高水平时，企业拒绝投资。在考虑交互效应的模型中，当预期损失与 1 加交互系数的比值大于内部控制强度的平均无效水平时，企业会增加对该流程的内部控制监督投资，企业对流程的内部控制监督投资随着交互系数的增大而减小。

3. 内部控制监督投资对企业资本成本的影响

内部控制监督的投资是为了获得更高质量的内部控制，使得内部控制的有效性得到提高，然而对于企业来讲，要有实实在在的好处，他们才会自觉自愿地投资，否则就总是怨声载道，认为对内部控制监督的投资总是投入大于产出。所以，第五章通过构建理论模型来证明内部控制监督的投资对企业资本成本的影响。理论模型可以从本质上揭示这种影响的原理，使管理者信服，同时也为学术界解决此类问题提供新的研究思路。本书将以修正的资本资产定价模型为基础，检验内部控制监督的投资对企业披露信息的精度的干扰（噪声），进而证明增加内部控制监督投资可以降低企业的资本成本。

（二）创新点

本书基于信息化企业的特点，根据内部控制系统的流程图及关键控制点，从风险管理的角度出发为内部控制系统建立定量的评价指标及模型。打破了已有研究仅关注公司和账户层面的内部控制缺陷的局限，着眼于业务流程层面，深入分析其可能存在的内部控制缺陷和风险，为企业内部控制监督的投资在各个流程之间的分配问题提供解决方案。

在已建立的指标和模型的基础上，构建了最优规划模型，为企业是否投资、如何投资提供了解决方案。此外，本书还首次提出了内部控制监督投资带来的"威慑效应"和"交互效应"。企业对内部控制监督的投资可以带来"威慑效应"，使舞弊发生的概率减小。"交互效应"则突破了可靠性理论中组件之间的独立性假设，分析在前后流程之间存在影响的情况下如何投资的问题。这两个效应的提出使本书提出的模型更符合实际。

本书利用资本资产定价模型来证明增加内部控制监督投资对企业资本成本的直接和间接影响。内部控制监督投资可以增加流程的可靠性，提高信息的准确度，降低投资者对公司期末现金流量协方差的估计，改变管理者的投资决策，使资本成本减小。另外，内部控制监督投资增加的威慑效应使管理者的舞弊行为减少，公司的期末现金流量增加，资本成本减小。

四、本书研究框架及研究方法

（一）研究框架

本书以内部控制及其监督的相关文献和政策、法规以及应用指南为依据，综合运用数理模型、经济学和审计学相关理论知识与模型，构建信息系统内部控制的评价模型，然后以该模型为基础，运用成本效益方法构建基于业务流程的内部控制监督最优投资决策模型，为企业的内部控制监督投资提供决策支持。最后用资本资产定价模型及相关理论检验增加内部控制监督投资对企业资本成本的影响①。

研究框架如图 1－1 所示：

---

① 注：本书各章模型所用符号并不通用。

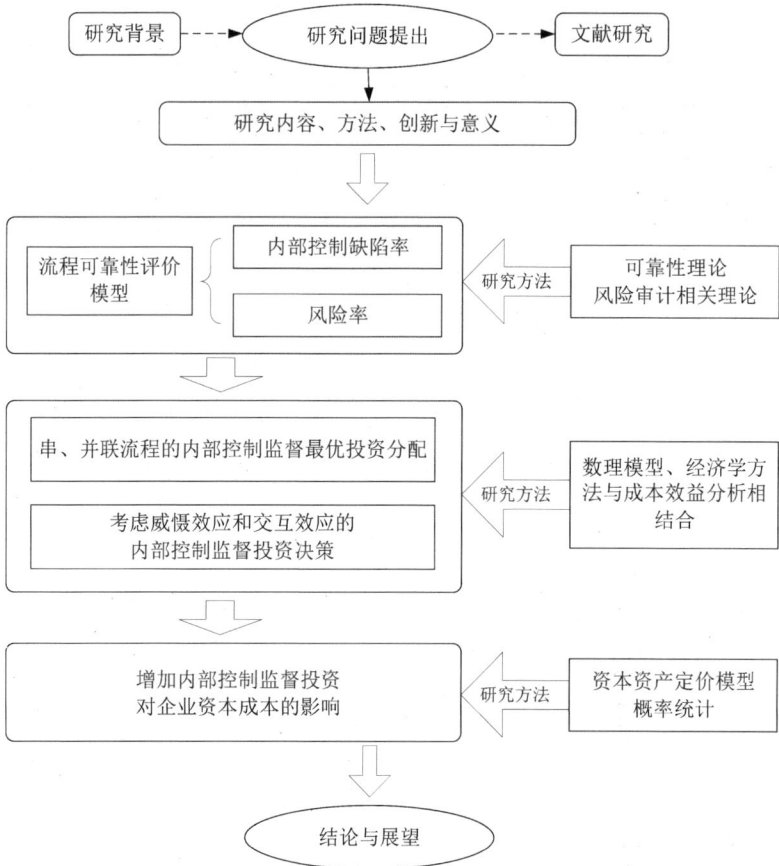

图 1-1 本书总体研究思路与研究框架图

（二）研究方法

1. 文献与制度研究

系统梳理已有的内部控制及其监督相关研究的国内外文献及制度文件、应用指南等，把握国内外研究背景与趋势，加深对我国内部控制评价体系相关内容的研究，为项目主体研究内容提供现实与理论支持。

2. 数理模型方法、系统工程方法和成本效益分析相结合

首先，利用可靠性理论及内部控制缺陷率和风险率两个指标，构建信息系统内部控制评价模型，即流程可靠性模型；然后，通过数理模型和经济学方法构建内部控制监督最优投资决策模型，确定最优投资金额和资金的分配方式。

3. 数理模型与实证研究相结合

在已有的研究的基础上采用修正后的资本资产定价模型和概率统计的方法来证明增加内部控制监督投资给企业资本成本带来的影响。

第二章

理论基础

一、内部控制理论及其发展概述

1936 年，美国会计师协会（American Institute of Accountants，AIA，美国注册会计师协会的前身）在其发布的《独立会计师对会计报表的审查》（Examination of Financial Statements by Independent Public Accountants）报告中，第一次正式使用了"内部控制"这一专门术语。该报告将内部控制定义为"为了保护公司现金和其他资产的安全、检查账簿记录准确性而在公司内部采用的各种手段和方法"。

1949 年，美国会计师协会的审计程序委员会（Committee on Auditing Procedure of the American Institute of Accountants）发表了一份题为《内部控制：一种协调制度要素及其对管理当局和独立注册会计师的重要性》（"Internal Control：Elements of Coordinated System and its importance to Management and the independent Public Account"）的

报告，首次对内部控制做了权威性定义："为了保护资产的安全完整，检查会计资料的准确性和可靠性，提高企业的经营效率以及促进企业贯彻既定的经营方针，所设计的总体规划及所采用的与总体规划相适应的一切方法和措施。"

1958 年 10 月，美国注册会计师协会（American Institute of Certified Public Accountants，AICPA）的审计程序委员会发布的第 29 号审计程序公告《独立审计人员评价内部控制的范围》（CPA No. 29 Scope of the independent Auditor's Review of Internal Control），正式以公告形式对内部控制做如下定义："内部控制，从广泛上讲包括下列既有会计又有管理特征的控制：会计控制包括与财务安全和财务记录可靠性有直接联系的组织规划的所有方法和程序……管理控制包括主要与经营效率和贯彻管理方针有关，通常只与财务记录有间接联系的组织规划的所有方法和程序。"此公告将企业内部控制分为内部会计控制和内部管理控制两类，这也就是内部控制制度"制度二分法"的由来。这一思想一直延续到 20 世纪 80 年代。

1992 年，美国 COSO 委员会提交报告《内部控制——整体框架》（Internal Control—Integrated Framework），并于 1994 年进行了增补，1996 年被美国《审计准则公告第 78 号》正式认可。

1996 年，美国信息系统审计与控制协会（Information Systems Audit and Control Association，ISACA）公布了 COBIT（Control Objectives for Information and Related Technology）模型，被翻译为"信息及相关技术控制目标"，是一个信息技术管理模型。COBIT 提供了 IT 管理及安全和控制方面的清晰策略，是国际上公认的最先进、最权威的安全与信息技术的管理和控制标准。

2002 年 7 月，在"安然事件"后，美国国会颁布了《萨班斯 – 奥克斯利法案》（Sarbanes – Oxley Act，简称"SOX 法案"），其中 301 条款、302 条款、404 条款第一次以法律的形式对财务报告内部控制的有效性提出了明确的要求。表 2 – 1 展示了为响应 SOX 法案的要求，SAP 公司对其 ERP 做出的新方案。

表 2 – 1 ERP 产品和方案中与 SOX 对应的内控内容

Section	SOX 的要求	ERP 方案
301	匿名举报	举报支持
302	有效控制 缺陷披露 财务报表证明	内控管理 合并会计报表
401	表明纠正性调整 资产负债表外交易	企业资源计划 合并会计报表
404	财务报表内控有效性评估	内控管理、审计信息系统、合并会计报表、管理驾驶舱
409	重要变更的快速披露	合并会计报表、平衡计分卡、进度管理员

资料来源：王纹，孙健[91]. SAP 财务管理大全［M］. 北京：清华大学出版社，2006.

2003 年 7 月 COSO 委员会发布了一份题为《企业风险管理框架》（Enterprise Risk Management Framework）的讨论稿，2004 年正式发布《企业风险管理——整合框架》（Enterprise Risk Management—Integrated Framework，ERMIF），该框架拓展了内部控制的内涵。

COSO 委员会于 2009 年 1 月发布了《内部控制体系监督指南》，该指南包括三卷：《第一卷：指南》《第二卷：应用》和《第三卷：

案例》。该指南旨在提高对内部控制有效监督检查的理解、推动及其应用，以改进内部控制系统的有效性。

2013 年 5 月，COSO 委员会发布了新版的《内部控制——整合框架》，并于 2014 年 12 月正式取代 1992 年发布的框架。与 1992 版《内部控制——整合框架》相比，2013 版框架有较大的变化。2013 版框架是 1992 版框架的升级版，保留了 1992 版的基本框架和内容，恢复了内部控制五要素的说法，同时增加了对非财务报告内部控制的报告要求。

2017 年 9 月，COSO 针对 2004 年《企业风险管理——整合框架》进行更新和改进。新的《企业风险管理——战略与绩效的整合》框架以企业使命和核心价值为起点，强调将风险管理嵌入企业的日常管理业务活动及核心价值链中，以提升企业的价值和业绩。

二、COSO 内部控制框架体系

1985 年，美国反虚假财务报告委员会（the Treadway Commission，以下简称"Treadway 委员会"），由美国注册会计师协会、美国会计学会（American Accounting Association，AAA）、财务经理人协会（Financial Executives International，FEI）、内部审计师协会（Institute of Internal Auditors，IIA）以及管理会计师协会（The Institute of Management Accountants，IMA）五大协会联合创立，目的是探讨财务报告中产生舞弊的原因，并提出相应的解决办法。两年后，基于 Treadway 委员会的建议，其赞助机构成立发起人委员会（The

Committee of Sponsoring Organization，COSO），专门研究内部控制问题。

COSO 委员会于 1992 年提出了《内部控制——整合框架》（Internal Control—Integrated Framework，IC—IF），在 1994 年又对其进行了增补。1996 年，美国注册会计师协会发布《审计准则公告第 78 号》（SAS NO.78），全面接受了 COSO 报告的内容，之后世界上许多企业采用内部控制整合框架作为构建和评价内部控制有效性的标准。

随着一系列大型公司财务造假案的相继爆发以及 SOX 法案的出台，COSO 委员会对企业内部控制有了进一步的思索，他们意识到了《内部控制——整合框架》自身存在的问题。于是，在内外部因素的共同推动下，2004 年 9 月，COSO 委员会又发布了《企业风险管理——整合框架》，该报告在《内部控制——整合框架》的基础上，更加强调企业对风险的管理。2013 年 5 月，COSO 委员会发布了新版的《内部控制——整合框架》，它是 1992 版框架的升级版。目前，COSO 提出的内部控制和风险管理理论已在世界范围内得到广泛认可，成为内部控制领域最具权威的理论之一。

（一）COSO《内部控制——整合框架》

《内部控制——整合框架》认为："内部控制是由企业董事会、经理阶层和其他员工实施的，为达到营运的效率效果、财务报告的可靠性、相关法令的遵循性等目标而提供合理保证的过程。"该定义反映出的基本观念是：内部控制是一种"过程"，讲求的是结果，而非结果本身；内部控制是一种受"人"影响的过程，是由"人"执行，并非仅是政策手册与表格，而是来自组织内每一个阶层的人；内部控制只能为企业管理阶层与董事会提供"合理保证"，而非绝对保证；不同类别的内部控制相互配合，以一种、多种或重叠性的类别达成多项管理目标，其构成要素应该来源于管理阶层经营企业的方式，并与管理的过程相结合。COSO《内部控制——整合框架》把内部控制划分为五个相互关联的要素，分别是：控制环境（Control Environment）、风险评估（Risk Appraisal）、控制活动（Control Activities）、信息与沟通（Information and Communication）和监督（Monitoring）。该报告首次把风险评估列入内部控制的组成部分，使得内部控制的理论更加完整，更加全面。

控制环境包括诚信与道德价值观、致力于提高员工工作能力及促进员工发展的承诺、管理层的理念与风险、组织架构与职责分配、人力资源政策及程序、监管部门（董事会、审计委员会）的参与等。

风险评估是指对企业在生产经营过程中可能存在的风险进行识别，对其可能造成的损失进行估计和评价，风险评估是风险管理的前提。由于企业所处的环境瞬息万变，所以管理层应定期对企业各个层次可能发生的风险进行评估，并制定相应的内部控制措施对其进行控制，避免风险的实际发生。

控制活动是为了确保企业的经营目标得以实现而采取的必要措施和保障手段。控制活动存在于企业的各个环节之中，包括不相容岗位的职责分离，上级对下级的授权，审批、核对程序，等等。

信息与沟通是指在合理的时间内与方式下，支持识别、获取和交换信息以帮助员工执行其职责的程序和系统。包括相关运营报告、合规性的信息报告，这些信息帮助企业管理层经营和掌控整个公司，普通员工也能够通过这些信息渠道各司其职。

监督是指建立内部控制体系维护与管理制度，保证内部控制体系有效运行，建立内部控制测试标准，持续监督内部控制体系问题。定期监督是指公司审计或风险管理部门定期对内部控制系统进行审核的工作。缺陷报告是指制定缺陷确认标准，向相关管理人员和董事会上报内部控制缺陷，并采取改进措施。

（二）COSO《企业风险管理——整合框架》

2004 年 9 月 29 日，COSO 发布的《企业风险管理——整合框架》描述了适用于各类规模组织的企业风险管理的重要构成要素、原则与概念。该框架集中关注风险管理，为董事会与管理当局识别风险、规避陷阱、把握机遇以及增加股东价值提供了清晰的指南，拓展了内部控制，对企业风险管理这一更宽泛的概念进行了更全面的关注。参与《企业风险管理——整合框架》制定的项目参与者认为，新报告中有 60% 的内容得益于 COSO 在 1992 年报告所做的工作[92]。

因此，公司利用企业风险管理框架，既能满足对内部控制的需求，也能向更完善的风险管理进程推进。COSO 委员会主席 John J Flaherty 曾说过："尽管许多人在谈论风险，但是对于风险管理还没有形成一个可普遍接受的定义，也没有一个全面的框架能够刻画出风险管理的执行程序，在董事会与管理当局遭遇困难和挫折时能够对风险进行沟通。"COSO 首先为企业风险管理确立了一个可普遍接受的定义，该定义融入众多观点并达成共识，为各组织识别风险和加强对风险的管理提供了坚实的理论基础，即"企业风险管理是一

个过程，由企业的董事会、管理当局和其他员工共同参与，应用于
企业战略制定和企业内部各个层次和部门，贯穿整个企业，旨在识
别可能会影响组织的潜在事件，为组织目标的实现提供合理的保
证"。《企业风险管理——整合框架》的主要贡献就在于此。它重新
界定了风险管理，即由目标、要素和组织三个维度组成的有机整体。
如图 2-1 所示：

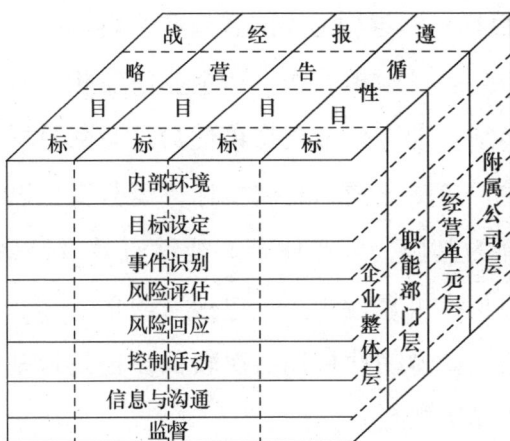

图 2-1 《企业风险管理——整合框架》目标、
要素与主体单元三维图

资料来源：张蕾[93]. IT 环境下基于风险管理的企业内部控制研

究 [D]. 天津：天津财经大学，2007.

《企业风险管理——整合框架》的主要贡献首先在于重新界定了
风险管理，并将 1992 年 COSO 报告的内部控制三大目标重新解释为
风险管理的四大目标：战略目标（Strategic）、经营目标（Opera-
tions）、报告目标（Reporting）和遵循性目标（Compliance），此为
第一维度。

在主体既定的使命或愿景（vision）范围内，管理当局制定战略目标、选择战略，并在企业内自上而下地设定相应的目标。企业风险管理框架力求实现主体的以下四种类型的目标：

· 战略目标——高层次目标，与使命相关联并支撑其使命；

· 经营目标——有效和高效地利用其资源；

· 报告目标——报告的可靠性；

· 遵循性目标——遵循适用的法律和法规。

战略目标与高层目标相关联，和企业使命相一致，企业所有的经营管理活动必须长期有效地支持该使命。运营目标与企业运营的效果和效率相关，包括业绩和利润目标，运营变化以管理当局对结构和业绩的选择为基础，旨在使企业能够有效及高效地使用资源。报告目标与组织报告可靠性相关，包括对内报告和对外报告，涉及财务和非财务信息。遵循性目标层次较低，也是最基础的目标，与组织遵循相关法律法规有关。

第二维度将 1992 年 COSO《内部控制——整合框架》的五大要素扩展为风险管理的八大要素，分别是：内部环境（Internal Environment）、目标设定（Objective Setting）、事项识别（Event Identification）、风险评估（Risk Assessment）、风险应对（Risk Response）、控制活动（Control Activities）、信息与沟通（Information and Communication）和监督（Monitoring）。

· 内部环境——内部环境包含组织的基调，它为主体内的人员如何认识和对待风险设定了基础，包括风险管理理念和风险容量、诚信和道德价值观，以及他们所处的经营环境。

· 目标设定——必须先有目标，管理当局才能识别影响目标实现的潜在事项。企业风险管理确保管理当局采取适当的程序去设定目标，确保所选定的目标支持和切合该主体的使命，并且与它的风险容量相符。

· 事项识别——必须识别影响主体目标实现的内部和外部事项，区分风险和机会。机会被反馈到管理当局的战略或目标制定过程中。

· 风险评估——通过考虑风险的可能性和影响来对其加以分析，并以此作为如何进行管理的依据。风险评估应立足于固有风险和剩余风险。

· 风险应对——管理当局选择风险应对（包括回避、承受、降低或者分担风险），采取一系列行动以便把风险控制在主体的风险容忍度和风险容量以内。

· 控制活动——制定和执行政策与程序以帮助确保风险应对得以有效实施。

· 信息与沟通——相关的信息可以确保对员工履行其职责的方式和时机予以识别、获取和沟通。有效沟通的含义比较广泛，包括信息在主体中的向下、平行和向上流动。

· 监督——对企业风险管理进行全面监督，必要时加以修正。监督可以通过持续的管理活动、个别评价或者两者结合来完成。

企业风险管理并不是一个严格的顺次过程，一个构成要素并不是仅仅影响接下来的那个构成要素。它是一个多方向的、反复的过程，在这个过程中几乎每一个构成要素都能够，也的确会影响其他构成要素。

该框架更为广泛地引入了风险管理的理念，拓展和细化了内部控制。COSO《企业风险管理——整合框架》将控制环境更加准确地定位为内部环境，增加的目标设定、事项识别和风险应对三大要素集中体现了内部控制的新目标和风险管理的要求。事项识别、风险评估、风险应对组成了风险管理的预警、判定和防范的完整系统。如图2-2所示：

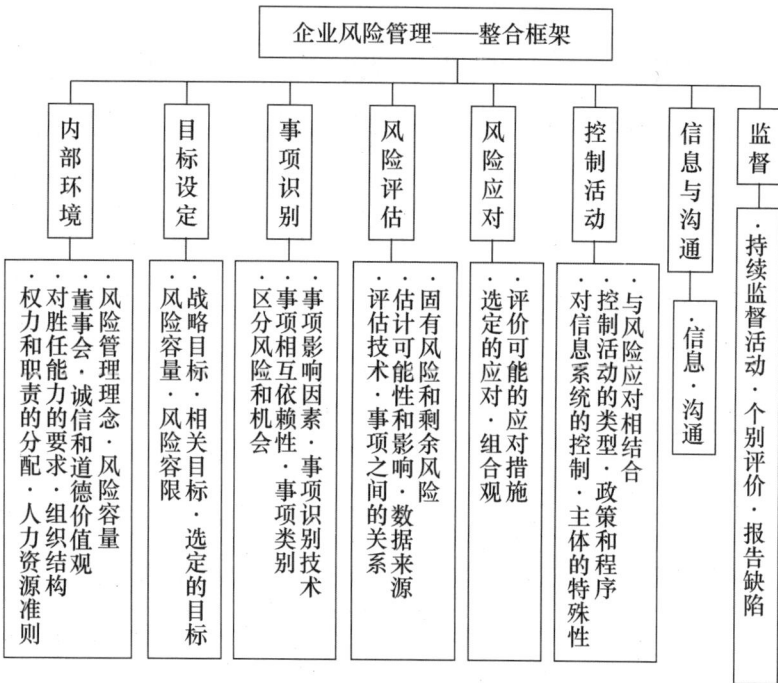

图2-2　《企业风险管理——整合框架》要素构成

第三维度是企业的层级，包括企业整体层、职能部门层、经营单元层及附属公司。

《企业风险管理——整合框架》给我们认识内部控制带来了新的启示。企业在风险状态下运作，内部控制的目标就是纠偏，"偏"就是风险，内部控制的价值就在于降低风险。内控的纠偏目标是固定不变的，而风险不是一成不变的，是随控制环境、信息技术等变化而变化的。因此，制定内控制度时，应把注意力集中于识别特定环境和技术下的特定风险。两个框架之间的比较如表 2 - 2 所示：

表 2 - 2 《内部控制——整合框架》与《企业风险管理——整合框架》的比较

描述 \ 类型	内部控制——整合框架	企业风险管理——整合框架
基调	管理层为达到目标而进行的内部控制的需求	满足管理层为了达到一定的目标而进行企业风险管理的需求
目标	经营目标、报告目标、合规目标	战略目标（新增）、经营目标、报告目标（范围更广）、合规目标
风险观	风险评估，没有提出风险组合观	从企业总体层面提出风险组合观
环境	管理层及员工的内部控制观念	管理层及员工的风险观念，并提出风险偏好、风险可接受程度的概念
要素	控制环境、风险评估、控制活动、信息与沟通、监督	内部环境、目标设定、事项识别、风险评估、风险应对、控制活动、信息与沟通、监督

资料来源：王宏，蒋占华，胡为民等[53]. 中国上市公司内部控制指数研究［M］. 北京：人民出版社，2011.

（三）COSO《内部控制体系监督指南》

COSO 委员会于 2009 年 1 月发布了《内部控制体系监督指南》（以下简称《指南》），该指南包括三卷：《第一卷：指南》提出了监督的特征和目的，并给出了一个有效的监督模型；《第二卷：应用》是第一卷的具体展开，详细描述了第一卷提出的监督模型的具体应用；《第三卷：案例》介绍了 46 个小案例和 3 个综合案例，这些案例均来自制定该指南过程中受访的企业[94,95,96]。

吴志华、刘丽芹[97]对 COSO 内部控制监督检查指南进行了介绍，该指南旨在提高对内部控制有效监督的理解、推动其应用，以改进内部控制系统的有效性。该指南的发布并没有得到足够的重视，很多组织对其质疑，并就一些问题提出了担忧。如普华永道（Pricewa-terhouseCoopers，PwC）和德勤（Deloitte Touche Tohmatsu，DTT）均认为该指南对监督检查的一些概念的解释可能会产生混淆，应注意与 COSO 1992 版和 2006 版的框架的一致性，而且从术语、概念和原理上应与美国证券交易委员会（the Securities and Exchange Commission，SEC）和美国公众公司会计监督委员会（Public Company Accounting Oversight Board，PCAOB）发布的管理层和审计师评价指南一致。但是，作为内部控制五要素之一的"监督"这一基本内部控制要素的应用指南，《指南》不仅在提高内部控制有效性上发挥着重要的作用，也会因其是推动建立内部控制评价的基础而对外部监管产生重要的影响和实践意义。因为很多企业在实际运用 COSO 内部控制框架的过程中并没有对监督这一要素给予足够的重视。

内部控制监督有两个原则，原则一是持续监督或单独评估使管理层了解内部控制的各要素是否持续有效地发挥着作用；原则二是要及时发现内部控制的缺陷并传达到负责人员和管理层，发现重要或重大缺陷应上报告董事会。这两个原则在 1992 年的 COSO 内部控制框架中已经有所体现，该指南的目的是使各类组织充分认识和发挥监督要素的作用。

影响监督有效性的三个因素包括：监督开展的控制环境、根据风险水平采用有效监督程序和分配监督资源，以及向适当人员及时报告包括内部控制缺陷在内的监督结果。《指南》对三个要素进行了详细的分析，阐述了为保证监督有效每个方面应有的要求或应达到的标准。一是控制环境方面的要求。首先，管理当局应对监督高度重视；其次，监督人员应具有专业胜任能力，公正并被适当授权。二是根据风险水平采用有效监督程序和分配监督资源的能力。影响监督计划的因素包括组织规模与复杂性、经营活动的特性（如是否经常变化、是否容易发生舞弊等）、监督的目的（如内部管理需要还是满足外部监管法规的要求）、控制活动对达成组织目标的重要性等。应基于风险评估的结果进行优先级排序，分配资源，采取相应的监督方式。有效的监督应收集并分析充分适当的信息，形成具有说服力的关于内部控制有效性的结论。三是向适当人员及时报告包括控制缺陷在内的监督结果。发现的内部控制缺陷必须及时通报到控制运行的责任人及其直接上级，以保证及时采取纠正措施。向其他方面报告的对象和报告频次取决于相关控制的重要性和检查出问题的严重性。应根据风险发生的可能性及可能带来的损失来评估控制缺陷的严重性，并有具备适当独立性的人员参与。

《指南》具有以下几方面的重大意义：

第一，加强对监督检查要素的理解、应用，提高内部控制有效性。内部控制的难点在于保持其有效性，这也在屡屡发生的因内部控制失效而给企业带来巨大损失的案例中得到印证。这种挑战也是任何一家管理先进的国际企业所面临的。不断发生在国际知名企业身上的内控"重磅炸弹"给了人们更深层面的警示，即使建立了一整套详细的内部控制制度，配备了庞大的风险管理团队，内部控制可能仍不是有效的。

COSO 委员会 1992 年《内部控制——整合框架》和 2006 年《小型上市公司财务报告内部控制指南》从原则上阐释了监督在内部控制五要素中扮演的角色和所起的作用，但在指导应用方面还不够。《指南》分析了有效监督的各构成要素，并提供了具体应用的原则和方法，因而能够改变其目前未得到充分利用的状况，极大地推动了这一关键内部控制要素的广泛应用。

监督要素作用的发挥对我国现阶段企业内部控制状况的提高尤其重要。有效的监督能够曝光不执行制度的行为，督促制度的有效执行和完善，在控制缺陷造成重大损失之前发现并及时改进。

众多内部控制失效的案例充分说明企业内部控制缺陷普遍存在，并且正被不法人员利用或即将被利用。有效发挥监督要素的作用，进行持续有效的监督对企业来讲尤其紧迫。

第二，为内部控制的外部监管提供支撑。20 世纪 90 年代爆出的安然、世通等巨型公司倒闭案促使美国于 2002 年颁布了 SOX 法案，强制要求上市公司企业管理当局报告内部控制系统的有效性，并要求从事财务报表审计的注册会计师就管理当局的报告出具审计意见。美国的做法在世界范围引起强烈反响，各国纷纷探讨美国这一做法的可行性，并进行效仿。这些公司倒闭的重要原因之一是披露内部控制有效性成本过大，如何降低内部控制有效性评价的成本也是多国共同面临的难题。之所以出现企业在披露内部控制有效性时成本过大的问题，原因在于内部控制系统的监督没有规范化，缺乏平时的积累和持续性。

SOX 法案正式执行后美国相关各方不断采取措施试图解决这一矛盾，为此颁布了各项标准，《指南》提供了从公司总体层面保持内部控制系统有效性的动态持续监督方法，企业首先需要形成有效的控制基点，如没有就需要对现行内部控制的设计和运行进行系统的自我评估，改进存在的问题。然后通过变化识别和变化管理，改变因内外部因素变化而失效的内部控制流程和措施，对新产生的风险实施管理，形成新的控制基点。企业需要进行阶段性单独评估来确定新控制基点的有效性。如图 2 – 3 所示：

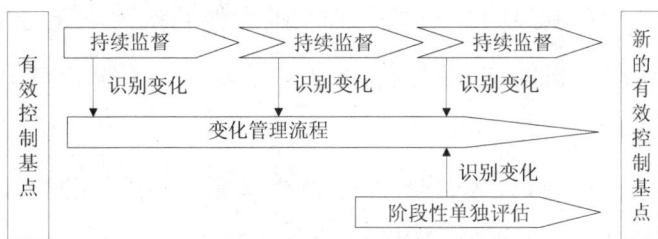

图 2 – 3　持续监督及改进

资料来源：吴志华，刘丽芹[97]. 构筑坚实的内部控制评价基础——评 COSO 内部控制监督检查指南［J］. 会计之友，2008（13）：18 – 20.

遵循以上原则和方法，企业可以对内部控制实施持续有效监督，在保持和持续改进内部控制有效性的同时，也可以轻松地满足外部监管的要求，保持内部控制有效性。

（四）2013 版 COSO《内部控制——整合框架》

2013 年 5 月，COSO 委员会发布了新版的《内部控制——整合框架》，并于 2014 年 12 月正式取代 1992 年发布的版本。1992 版框架发布后的 20 多年中，在大数据、云计算、"互联网 +"的背景下，商业和运营环境发生了巨大变化。复杂的组织结构和近些年来由于内部控制失效而发生的一系列舞弊事件使得社会各界对公司治理和风险管理的关注度空前高涨。与此同时，利益相关者更多地参与治理过程，并且寻求更透明和更负责的内部控制体系来支持决策和组织的治理。各类组织对技术创新和信息系统的依赖，以及对非财务报表内部控制的重视，都促成了愈加严格的监管要求的出台。金融危机爆发以后，股东和其他主要利益相关者对风险的关注程度越来越高，对如何控制风险也更加关心，因为他们认为不充分的风险管理是导致金融危机的主要原因，这进一步加速了 COSO 对 1992 版框架的修订步伐。

基于以上的动机，COSO 启动了 1992 版《内部控制——整合框架》的更新项目，并聘请普华永道会计师事务所（Pricewaterhouse-Coopers，PwC）来负责框架的修订。为了确保观点具有广泛的代表性，COSO 同时组织成立了一个顾问委员会来支持该项目的进展，该委员会成员来自实务界、学术界、政府部门和非营利组织。1992年，项目分为七个阶段，而这次的修订项目分为四个阶段，即调研及征求意见阶段（Assess & Survey）、撰写草稿阶段（Design & Build）、公开征求意见阶段（Public Exposure）和修订定稿阶段（Finalize）。在 2010 年 9 月到 2011 年 1 月期间，COSO 向原有框架的使用者发放了调查问卷，收到 700 多份反馈意见，大部分的意见赞成对框架进行修订，但是认为核心的原则仍然可以发挥作用，不赞成对框架进行推倒重来。在此基础上，经过讨论与撰稿，COSO 于 2011 年 12 月 19 日发布了征求意见稿，公开征求意见[98]。

与 1992 版《内部控制——整合框架》相比，2013 版框架有较大的变化。2013 版框架是对 1992 版框架的升级，保留了 1992 版的基本框架和内容，恢复了内部控制五要素的说法，同时增加了对非财务报告内部控制的报告要求。《内部控制——整合框架》可以用COSO的目标、要素与主体三维图来描述。在1992版的框架中，COSO三维图描述了目标与构成要素之间的关系，2013版CO-SO三维图则描述了目标、构成要素与主体（Entity）三者之间的关系，强调了主体的控制。在更新的COSO三维框架中，纵向表示内部控制的三类目标，其中"财务报告"目标改为"报告"目标；横向表示内部控制的五要素，其中"监督"要素改为"监督活动"要素。各个要素的位置发生了变化，排列顺序由原来的由下向上变为了由上向下。第三维度由主体的单元（Unit）或活动（Activity）改为主体、分部（Division）、营运业务单元（Operating Unit）或职能（Function）。

1992版《内部控制——整合框架》虽然也提到了内部控制的一些核心原则，但并不清晰。2013版框架明确提出了17项原则，这些原则贯穿于内部控制五要素中，体现了要素的基本概念。按照COSO的设计，这些原则可以广泛地应用于上市公司、非上市公司、政府部门和其他组织。同时，为了帮助理解原则，还提供了81个属性（Attributes），体现了与原则有关的特征。这些原则和属性构成的标准有助于管理层评估主体的内部控制有效与否。如表2-3所示：

表2-3 内部控制基本要素、原则和相关属性

基本要素	基本原则	相关属性
控制环境	1. 诚信和道德价值观的承诺	1.1 设定高层基调；1.2 建立行为准则；1.3 评估是否遵守行为准则；1.4 及时强调偏差
	2. 董事会对内控的监督责任	2.1 确立董事会监督责任；2.2 保留或委派监督责任；2.3 应用相关知识；2.4 独立性；2.5 监督行动
	3. 建立组织结构、授权和责任	3.1 考虑主体结构；3.2 建立报告流程；3.3 定义、分配和限制权责
	4. 胜任能力的承诺	4.1 人力政策和实务；4.2 吸引、发展和保留人才；4.3 评估胜任能力、强调缺点；4.4 内控责任的分配
	5. 内控目标责任考核	5.1 建立内控目标责任制；5.2 建立绩效指标、激励和奖励机制；5.3 评估指标、激励，奖励落实内控责任；5.4 考虑过度压力；5.5 评估内控结果、实施奖惩
	6. 确定相关目标	6.1 经营目标：可接受风险水平；反映管理层选择；经营和财务绩效目标；配置基本资源 6.2 报告目标：6.2.1 外部财务报告：考虑重要性，遵循会计准则，反映主体活动；6.2.2 外部非财务报告：考虑要求的精确度，遵循外部标准，反映主体活动；6.2.3 内部报告目标：考虑要求的精确度，反映管理层选择，反映主体活动 6.3 合规目标：可接受风险水平；遵循外部法规
	7. 风险的识别和分析	7.1 包含合适的管理水平；7.2 包含主体和下属部门；7.3 分析内外部因素；7.4 预计已识别风险的重要性；7.5 如何应对风险
	8. 评估舞弊风险	8.1 考虑各种可能发生的舞弊；8.2 考虑风险因素；8.3 评估激励和压力；8.4 评级机会；8.5 评估态度和合理性
	9. 识别和分析显著变化	9.1 评估外部环境变化；9.2 评估商业模式变化；9.3 评估领导层变化

续表

基本要素	基本原则	相关属性
控制活动	10. 选择和开发控制活动	10.1 与风险评估整合；10.2 判断经营流程控制；10.3 考虑主体的特殊性；10.4 评估混合控制活动；10.5 运用不同控制活动；10.6 强调职责分离
	11. 选择和开发技术的通用控制	11.1 判断经营和技术控制的关系；11.2 建立技术控制基本框架；11.3 建立相关技术安全管理控制；11.4 建立技术获取、开发和维护控制
	12. 实施政策和程序	12.1 建立政策和程序支持管理指令实施；12.2 执行政策和程序的职责；12.3 使用胜任人员；12.4 及时执行；12.5 采取正确行动；12.6 重新评估政策和程序
	13. 使用相关信息	13.1 确认信息需求；13.2 捕获内外部数据源；13.3 数据转化为信息；13.4 保证信息质量；13.5 考虑成本和收益
	14. 内部沟通	14.1 与员工沟通内控信息；14.2 与董事会沟通；14.3 提供独立的沟通渠道；14.4 选择沟通方法
	15. 外部沟通	15.1 与外界沟通；15.2 保证内外沟通顺畅；15.3 提供独立的沟通渠道；15.4 与董事会沟通；15.5 选择沟通方法
监督活动	16. 实施持续的或单独的评估	16.1 考虑持续和单独的评估；16.2 建立评价底线；16.3 考虑变化率；16.4 胜任的评估人；16.5 与经营相整合；16.6 目标评估；16.7 调整范围和频率
	17. 缺陷的评估和沟通	17.1 评估结果；17.2 与管理层沟通缺陷；17.3 向高管和董事会报告缺陷；17.4 监督整改措施

资料来源：林斌，舒伟，李万福[98]. COSO 框架的新发展及其评述——基于 IC - IF 征求意见稿的讨论［J］. 会计研究，2012（11）：64 - 73.

　　这 17 个原则并不全是新的概念，它们是从 1992 版《内部控制——整合框架》的五要素中提取出来的。控制环境要素是其他要素的基础，与之相关的五个原则能帮助董事会和高管建立内部控制重要性的高层基调和预期的行为准则。其中第二个原则特别强调了"董事会对内控的监督责任"。与风险评估要素有关的四个原则构成了风险判断的基础，能帮助主体持续地识别和分析影响目标的风险，其中第八个原则重点强调了对舞弊风险的评估。与控制活动要素有关的三个原则为管理层减少风险提供了保证。为了强调技术控制的重要性，第 11 个原则"选择和开发技术的通用控制"专门从控制活动中分离了出来。与信息与沟通要素相关的三个原则保证了主体使用相关高质量的信息，并通过内、外部的沟通来支持其他要素发挥作用。最后，与监督活动相关的两个原则强调主体需要持续评估或单独评估内部控制的缺陷，及时向高管和董事会汇报并对缺陷采取整改措施。

　　与 1992 版《内部控制——整合框架》相比，2013 版框架将财务报告目标扩大为内部和外部的、财务和非财务的报告目标。

　　首先，外部财务报告目标（External Financial Reporting Objectives）。这部分报告目标主要是为了满足外部监管和利益相关者的需要，如提供年度财务报告、中期财务报告和盈余公告等，这些报告能够帮助利益相关者做出投资决策。

　　其次，外部非财务报告目标（External Non‑Financial Reporting Objectives）。这部分报告目标主要是为了与一些法规、合同或者标准保持一致，如内部控制报告、可持续发展报告、供应链管理或托管资产报告，以及按照国际标准化组织的要求提供的质量管理报告等。

最后，内部财务和非财务报告目标（Internal Financial / Non‑Financial Reporting Objectives）。这部分报告的目标主要是为管理层提供决策的信息。内部报告目标是基于管理层偏好、价值判断和管理风格而定，不同的主体其内部报告目标不同。内部财务报告包括分部财务报告、现金流/预算、银行合同等。内部非财务报告包括人力资源分析、资产利用、客户满意度调查、主要风险指标、董事会报告等。

（五）2017 版 COSO《企业风险管理——战略与绩效的整合》

2017 年 9 月，COSO 针对 2004 年《企业风险管理——整合框架》进行更新和改进。新的《企业风险管理——战略与绩效的整合》框架以企业使命和核心价值为起点，强调将风险管理嵌入企业的日常管理业务活动及核心价值链中，以提升公司的价值和业绩。更新的《企业风险管理——战略与绩效的整合》将原来的八个要素删减提炼为五个，分别为：公司治理与企业文化；战略与目标设定；风险管理执行；审查和修订；信息、沟通和报告。《企业风险管理——战略与绩效的整合》从新型的企业管理视角呈现出了与之前不同的管理框架。同时，新的框架也继承了 2013 年《内部控制——整合框架》中的"原则导向"，将五个要素总结出了 20 项原则，更加具体和细致，以便于实施方法的展开。同时，随着近年来社会和理论界对风险的认识更加深刻和全面，《企业风险管理——战略与绩效的整合》完善了风险的定义，即将风险纯粹是负面的改为正负面影响可能兼而有之，认为风险是影响战略和经营目标实现的事件发生的可能性。而对于内部控制与风险管理两者之间一直以来模糊不清的界限，在《企业风险管理——战略与绩效的整合》常见问题的解释上，COSO 委员会具体说明了这两个体系在不同侧重点上互相补充的关系。

三、COBIT 模型与 IT 内部控制

（一）COBIT 模型

1. 控制原理

COBIT 模型中关于控制的含义是："控制是一系列策略、程序、实践和组织结构的设计，以便对业务目标提供有效的确证（Assurance），对意外事件进行防护、监督和纠正。"而 IT 控制目标的定义是：通过在特定的 IT 活动中实施控制程序，以便获得期望的结果和目标所给出的陈述。控制目标的实现需要三方面的支持，即 IT 资源（IT Resources）、IT 处理过程（IT Processes）和业务需求（Business Requirement）。

（1）IT 资源

在 COBIT 中，IT 资源包括数据、应用系统、技术、设施、人力，这是 IT 处理过程的主要对象：

·数据：泛指外部和内部，结构化和非结构化的文字、图像、影像、声音等；应用系统：指人工和程序化的过程的总和。

·技术：包括了硬件、操作系统、数据库管理系统、网络和多媒体等。

·设施：指可以支持和保护信息系统的所有相关资源。

·人力：指人员在计划、组织、获取、支持和监督信息系统和服务中的技能、认知和生产力。

（2）IT 处理过程

在 COBIT 中，IT 处理过程被分为三个层次，从高层到低层分别是域、处理过程和活动任务。它们是逐层递进的关系，域是按自然分类的处理过程的组合。

处理过程是一系列相关的能够自然终止的活动和任务的自然组合。活动任务层中的"活动"是生命周期的概念，而"任务"是更加分散的概念，可衡量结果。

4 个域、34 个处理过程是 COBIT 的核心组成。4 个域是规划与组织（planning & organization）、获得与实施（acquisition & implementation）、交付与支持（delivery & support）、监督（monitoring）。34 个处理过程如表 2 - 4 所示：

表 2 - 4　COBIT 的 4 个域和 34 个处理过程

4 个域	34 个处理过程
规划与组织	制订 IT 战略规划、确定信息体系结构、确定技术方向、定义 IT 组织与关系、管理 IT 投资、传达管理目标和方向、人力资源管理、确保与外部需求一致、风险评估、项目管理、质量管理
获得与实施	确定自动化的解决方案、获得并维护应用程序软件、获取并维护技术基础设施、程序开发与维护、系统安装与鉴定、变更管理
交付与支持	定义并管理服务水平、管理第三方的服务、管理绩效与容量、确保服务的连续性、确保系统安全、确定并分配成本、教育并培训客户、为客户提供帮助和建议、配置管理、处理问题和突发事件、数据管理、设施管理、运营管理

续表

4 个域	34 个处理过程
监督	过程监督、评价内部控制的适当性、获取独立保证、提供独立的审计

资料来源：ISACA。

（3）业务需求

为实现目标，信息需要遵循一定的规范，在 COBIT 中称为信息的业务需求，信息的业务需求分为下面三个部分：

·质量需求：质量、成本、服务；

·信任需求：运行的效果和效率、信息的可靠性、符合法规的要求；

·安全需求：保密性、完整性、可用性。

COBIT 的目的是实现业务需求，通过参考 COSO 等其他的控制模型，COBIT 定义了七个相互独立的信息评价指标来满足信息的质量需求、信任需求和安全需求，即有效性、高效性、保密性、完整性、可用性、兼容性、可靠性。

2. 控制目标

COBIT 控制目标体系的建立依赖于一个基本假设，即"为了给政府或企业提供达到其目标而需要的信息，IT 资源（IT Resources）需要有一组自然分类的 IT 过程（IT Processes）管理"。按照这一假设，COBIT 控制目标体系是从 IT 资源、IT 处理过程到业务需求三者间关系所衍生出的循环。

COBIT 的控制目标明确指出了信息评价指标与 IT 资源一起是如何紧密地融入每个 IT 处理过程中的。因此 COBIT 的控制目标以面向 IT 处理过程的方式来定义，每个 IT 处理过程由一个高级控制目标来指导，而每个高级控制目标需要完成对控制目标所适用的信息评价指标、适用的程度以及涉及的 IT 资源的具体界定。模型针对控制框架中的每一个处理过程，在高级控制目标下面分别给出了 3 至 30 个具体的控制目标，总共 318 个。

3. 组成部分

（1）执行概要

一个合理的组织决策基于及时、恰当和简要的信息，COBIT 为组织的高级管理人员提供了了解关键概念和原则的执行概要（Executive Summary），另外也提供了框架，以便更深入了解 COBIT 的 4 个域及 34 个 IT 过程。

（2）实施工具集

实施工具集（Implementation Tool Set）包括管理认知、IT 控制诊断、实施指南、常见问题、应用 COBIT 组织的个案研究及介绍 COBIT 的相关教材等工具。这些工具主要是为了便于 COBIT 应用，使组织能快速而成功地从教材中学到如何在工作环境中应用 COBIT，并使组织管理层思考 COBIT 对组织目标的重要性。

（3）高级控制目标框架

一个成功的组织是建立在数据和信息的坚固框架上的。高级控制目标框架（Framework with High – level Control Objectives）解释了 IT 过程如何交付信息，以便组织能达到其目标，同时指出了组织对信息的标准要求和 IT 资源上的需求是如何紧密地融入控制目标之中的。

（4）管理指南

管理指南（Management Guidelines）是面向实践通用的，指导管理层如何确保组织的信息及其相关过程有足够的控制、如何保证组织目标的完成、如何监督每个 IT 过程的性能等。它增强了组织管理层有效处理信息系统的能力。

COBIT 管理指南主要包括成熟度模型、关键成功因素、关键目标指标、关键绩效指标四个部分，旨在确保组织能成功而有效地整合业务流程和信息系统。企业能用它解答以下管理问题：组织目前处在何种状态？成本/收益是否合理？什么是良好性能指标？什么是成功因素？有哪些不能达到目的的风险？如何衡量和比较？

（5）具体控制目标

在技术不断变化的环境中维持获利的关键在于维持良好的控制。COBIT 的具体控制目标（Detailed Control Objectives）为 IT 控制提供了一个用来制定清楚的政策和良好的准则的关键方针，包括了用来达到所期待结果或目的而实施的 318 个详细控制目标的说明。

（6）审计指南

为了达到所期待的目标，必须持续和切实地审计所有的 IT 过程，COBIT 的审计指南（Audit Guidelines）规划和建议了 34 个 IT 高层次目标的审计步骤。该指南对信息系统审计人员是一个宝贵的工具，可以提供管理上的保证和改进的建议。

（二）IT 内部控制

根据内部控制的对象和范围，一般可将内部控制分为一般控制（general controls）和应用控制（application controls）。

1. 一般控制

一般控制是指应用于组织整体 IT 系统功能和自动化解决方案

（应用控制）的控制，是嵌入在 IT 过程和服务中的控制。例如，系统开发、变更管理、安全性和计算机操作等。

一般控制包括组织控制、授权控制、开发控制、操作控制、软件与数据文件安全控制等。

2. 应用控制

应用控制是指在应用自动化解决方案中嵌入的一组控制。例如，完整性、准确性、有效性、授权和职责划分。

和交易相关的应用控制以及和每个自动化应用程序系统相关的永久数据对于每一个应用程序来说都是特有的。利用人工和自动化过程产生的永久数据，可以确保其完整性、记录的准确性和交易中形成的主体的有效性。

应用控制的目标通常需要确保：准备登记的数据是完整的、有效的和可靠的；数据转变为自动化形式并且应用程序是正确的、完整的和准时的；由应用程序处理的数据是完全且及时的，符合已制定的要求；输出免于未经授权的修改或破坏，并按照描述的政策分配。

为了 IT 职责，基于使用 COBIT 信息标准定义的业务需求，CO-BIT 假定自动化应用控制的设计和执行包括获取与实施（AI）域。运营管理和应用控制的控制责任与 IT 无关，但是和业务程序所有者有关。IT 传递和支持的是应用程序服务和支持信息的数据库和基础设施。因此，COBIT 的 IT 过程包括一般 IT 控制，但不含应用控制，因为这些是业务过程所有者的责任，与业务过程融为一体。

图 2－4 设置了 IT 一般控制和应用控制的范围，同时描述了 CO-BIT 操作业务控制的程度。

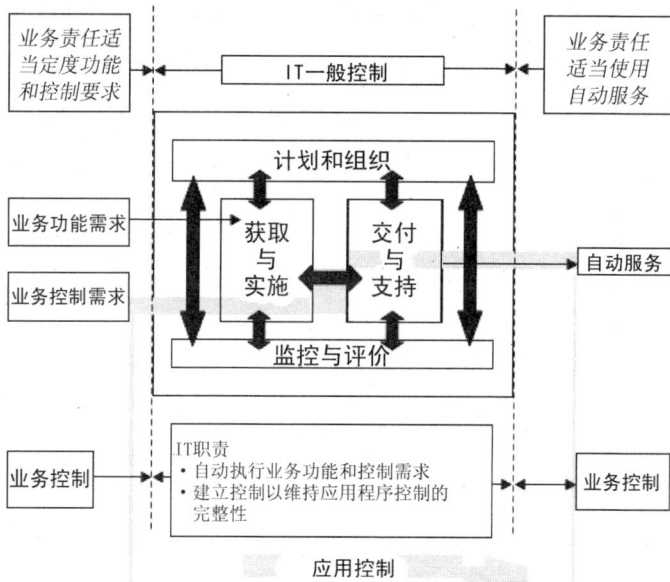

图 2-4　IT 一般控制和应用控制

资料来源：IT Assurance Guide：Using COBIT[99]。

由于自动化服务，业务为定义功能和控制负责，需求包括在所有由应用程序支持的业务过程中。随后，IT 职责包括了业务功能的自动化和控制需求以及控制的建立，以维持完整的业务应用程序。

应用控制包括：

（1）源数据的准备与授权

确保源文档由经过授权且符合要求的人员来准备，要遵循已确定的数据准备程序，同时还要充分考虑职责分离的问题。输入形式的设计应有助于确保错误和遗漏的最小化。数据源期间，差错处理程序应确保错误和不当得以检测、报告并纠正。

（2）源数据的收集和录入

机构的程序应确保所有授权的源数据资料是完整、准确的，被适当地说明并及时传递给录入环节。应设置一个程序，确保原始的源数据资料由机构保留或者被复制足够的数量，既促进数据的修补或重建，又满足法律的要求。机构应建立合适的程序，确保数据只能由授权人员输入。

（3）准确性、完整性和真实性检查

录入处理的交易数据（人工产生、系统生成或者通过界面输入）应服从于准确性、完整性、真实性检查等多种控制。管理层应确保存储在文件和其他介质（如电子卡）中的数据的完整性和正确性并定期检查。要对那些货币信息、证明文件以及包含私密性信息的文件给予特别的关注。

（4）数据处理的完整性和有效性

维持整个处理周期的数据的完整性和有效性。确保对错误交易的侦查不会中断有效交易的过程。

（5）输出审查、调整和错误处理

建立数据处理的差错处理程序，在确保其他正确交易处理不会被非法中断的前提下将错误的交易确定下来。机构应为来自 IT 应用程序输出的处理和保留建立程序，若可转让的装置（如储值卡）是输出的接受者，应采取特殊的关注以防止误用。

（6）交易证实和完整性

在执行潜在的关键行动之前，对源于机构之外的信息，无论是电话、声音邮件、纸面文档、传真，还是电子邮件，其真实性和完整性都要进行充分检查。

考虑到电子交易受到传统的时间和地理边界限制较小，管理层应为敏感和关键的电子交易定义并执行适当的程序，确保交易的完整性和真实性。

应用控制的弱点可能会影响到主体的能力，通过影响业务过程和应用程序来处理业务交易。应用控制是主体业务控制的一部分，应用控制中的弱点可以由补充的人工业务和有组织的控制活动来削减。

四、系统可靠性及最优化方法

可靠性工程产生于 20 世纪 40 年代末 50 年代初，早期主要应用于通信和运输领域。初期的可靠性工作大部分局限于对系统性能方面的分析。20 世纪 50 年代末 60 年代初，美国洲际弹道导弹和太空开发计划的发展，尤其是墨丘利计划和双子星计划的推进，以及和俄罗斯在外太空方面的军备竞赛，使得人类首次登上了月球，同时也给可靠性的发展提供了良好的契机。在欧洲和亚洲，各国在工业系统的可靠性及安全性方面也做了大量有意义的工作。

（一）可靠性的基本概念

1. 可靠性的定义

可靠性（Reliability）的定义为：系统在规定时间内和规定条件下，完成规定功能的概率[100]。包括以下因素：

（1）对象

研究可靠性问题时首先要明确对象，还要明确它的内容和性质。如果研究对象是一个系统，则不仅包括硬件，还应包括软件和人的判断和操作等因素在内，需要以人际系统的观点去观察和分析问题。

（2）规定条件

规定条件是系统可靠性定义中最重要而又最容易被忽视的部分。系统的可靠性受规定条件的制约，不同条件的可靠性可能完全不同，离开具体条件谈可靠性毫无意义。

（3）规定时间

与可靠性关系非常密切的是关于使用期限的规定，因为可靠性是一个有时间性的定义。有时对某些系统给出相当于时间的一些指标可能会更明确。

（4）规定功能

规定功能是指研究对象能在规定的功能参数和使用条件下正常运行（不发生故障或者失效），完成所规定的正常工作。亦指系统能在规定的功能参数下保持正常的运行。有时系统虽然还能工作，但由于其功能参数已漂移到规定界限之外了，即不能按规定正常工作，也应视为失效。

2. 系统可靠性的其他指标

（1）可用性（Availability）

任何时候（随机的时间点）被要求执行任务时，系统能够正常运行的一个测度。这里的正常运行是指能够完成规定的功能。

（2）可修性（Maintainability）

一个故障系统在规定的时间内，通过有效地修理，恢复到可运行状况的概率。

（3）可信性（Dependability）

关于元件在给定的时间过程中，在一个或多个时间点上都能正常工作的一个度量，包括在给定条件下和在任务起始时，元件的可靠度、维修度和生存能力。

3. 系统的硬件、软件及人的因素

很多系统既包括硬件、软件，又包括人的参与，且这些系统往往都是由人来操作软、硬件的。硬件可能产生故障或磨损，软件也可能会出现问题，从而导致系统性能的下降。而人为因素，通常比硬件、软件更不可测，因此，对系统整体性能的影响也更大。随着环境的变化，硬件可靠性、软件可靠性和人的可靠性也会随之变化。因此，要使一个现代化系统高效运行，需要尽可能地保证环境中的硬件、软件和人都有较高的性能和良好的表现。

（1）硬件

对于硬件而言，其故障率会随着时间变化：在早期阶段，失败率会逐渐降低；在正常使用寿命期间，其故障率通常为常数；在磨损阶段，故障率则会增加。三个阶段不同类型的故障率正好形成一条盆地形状的曲线，通常采用不同的统计分布来描述不同阶段的失效模型。

（2）软件

由软件和硬件构成的系统可能会由于软件不能执行外部命令而失败。在一个不达标的环境中使用软件可能会导致故障。软件故障被定义为偏离预期的原结论或输出不符合要求的运行程序。也就是说，程序运行偏离预期一定是因为有故障发生，而故障可能是一个软件失效或别的原因所致。

软件已成为许多工业、军事和商业系统不可或缺的部分。在如今的大系统中，软件产品生命周期成本已超过硬件，费用中的80%~90%都用于对已交付使用的软件进行维护和调整，并扩大其使用范围，以满足不断变化和日益增长的用户需求。

（3）人的因素

在大多数情况下，人和机器共同组成一个系统。从众多的系统发生故障的报告中，人们发现有很大比例的事故起因是"人为错误"或"人员可靠性"。人的因素是不可忽视的，因此，人们开始致力于开发预测人员可靠性的技术。在美国海军的资助下，已经研发出一个产品生命周期技术用于预测与评估人机可靠度[101]。

要解决系统性能方面的人为错误，还需要对员工进行培训，使他们掌握并可以积极运用相关理论和方法实现程序开发时的目标。即使在军事或航空系统这些硬件可靠度十分高的领域，仍然可以检测到由于人为错误所导致的较低的系统可靠性。

除了以上因素，还要考虑经济约束。所有系统都需要一定的资源，随着系统设计方案的不同对资源的消耗也会不同。经济的约束包括可动用的预算、人力、物资、时间等。在系统可靠性设计和运行中满足经济资源的约束是非常重要的。

4. 基本系统结构域可靠性函数

在多数情况下，一个系统不会只由一个元件组成，因此，需要对系统进行可靠性评估。考虑一个包含 n 个元件的可靠性系统，这些元件可以是硬件、软件，或者人员。令 $\Pr(A_i)$（其中 $1 \leqslant i \leqslant n$）表示在规定时间内元件 i 正常工作这个事件 A_i 的概率，则元件 i 的可

靠性表示为 $r_i = \Pr(A_i)$。同样地，令 $\Pr(\overline{A_i})$ 表示在规定时间内元件 i 失效这个事件 $\overline{A_i}$ 的概率。假设各个元件的故障互相独立，用 $R_s(t)$ 表示随时间 t 变化的系统可靠性，当考虑固定时间的情况时，系统可靠性可表示为 R_s[102]。

（1）串联结构

串联结构是最简单也是最常用的结构之一。图 2-5 给出一个由 n 个元件组成的串联结构方框图。

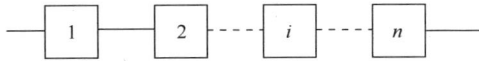

图 2-5　串联结构

在此结构中，所有 n 个元件都必须正常工作才能保证系统正常工作。也就是说，任何一个元件失效，系统就不能正常工作了。

因此，一个串联结构的可靠性为

$$
\begin{aligned}
R_S &= \Pr(\text{所有元件都正常工作}) \\
&= \Pr(A_1 \cap A_2 \cap \cdots \cap A_n) \\
&= \prod_{i=1}^{n} \Pr(A_i)
\end{aligned} \tag{2-1}
$$

当系统中元件正常工作这个事件相互独立时，上式的最后一个等式成立，因此串联系统的可靠性为

$$
R_S = \prod_{i=1}^{n} r_i \tag{2-2}
$$

（2）并联结构

在许多系统中，一些元件组合起来形成并联结构，图 2-6 给出了并联系统的方框图，其中有 m 条路径连接输入端与输出端，只有当所有的元件都失效时，系统才会失效。有时，也称并联结构为冗

余结构。通常当系统要提高其可靠性，并联多余的相同路径时，才称为"冗余"。因此，在进行系统可靠性设计时，并联结构可能是一个基本的系统结构，也可能是为了提高可靠性而设计的冗余结构。

在一个包含 m 个元件的并联结构中，只要其中任何一个元件正常工作，系统就能正常工作。因此，一个并联系统的可靠性是所有 m 个事件 A_1, A_2, $\cdots$, A_m 的并的概率，即

$$
\begin{aligned}
R_S &= \mathrm{Pr}(任何一个元件正常工作) \\
&= \mathrm{Pr}(A_1 \cup A_2 \cup \cdots \cup A_m) \\
&= 1 - \mathrm{Pr}(\overline{A_1} \cap \overline{A_2} \cap \cdots \cap \overline{A_m}) \\
&= 1 - \prod_{j=1}^{m} \mathrm{Pr}(\overline{A_j}) \\
&= 1 - \prod_{j=1}^{m} \left[1 - \mathrm{Pr}(A_j) \right]
\end{aligned}
\tag{2-3}
$$

当元件失效互相独立时，一个并联系统的可靠性为

$$
R_S = 1 - \prod_{j=1}^{m} (1 - r_j)
\tag{2-4}
$$

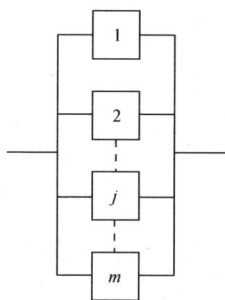

图 2-6 并联结构

（3）串–并联结构

假设一个系统包含 k 个并联的子系统，同时子系统 i（$1 \le i \le k$）又包含 n_i 个串联的元件，$i = 1, \cdots, k$，那么这个系统就是一个串–并联系统，如图 2–7 所示。

R_i 为子系统 i 的可靠性，而 r_{ij} 是子系统 i 中元件 j 的可靠性，并且 $1 \le j \le n_i$。这时

$$R_i = \prod_{j=1}^{n_i} r_{ij} \qquad (2-5)$$

系统的可靠性为

$$R_S = 1 - \prod_{i=1}^{k} (1 - R_i) \qquad (2-6)$$

结合以上两个公式，则

$$R_S = 1 - \prod_{i=1}^{k} \left(1 - \prod_{j=1}^{n_i} r_{ij}\right) \qquad (2-7)$$

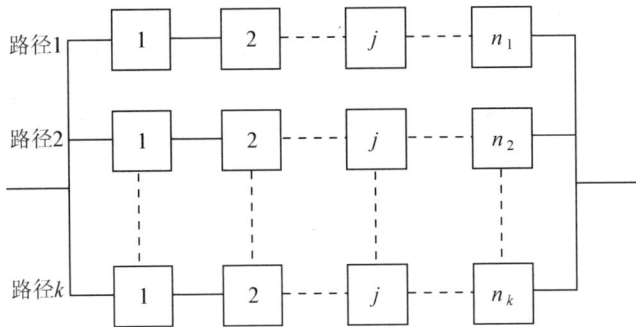

图 2–7　一个串–并联系统

（4）并–串联结构

假设一个系统中包含 k 个串联的子系统，同时子系统 i（$1 \le i \le k$）包含 n_i 个并联元件，则这种系统就被称为一个并–串联系

统，如图 2 - 8 所示。

R_i 为子系统 i 的可靠性，而 r_{ij} 是子系统 i 中元件 j 的可靠性，并且在子系统 i 中有 $1 \leqslant j \leqslant n_i$。这时

$$R_i = 1 - \prod_{j=1}^{n_i} (1 - r_{ij}) \qquad (2 - 8)$$

系统的可靠性为

$$R_S = \prod_{i=1}^{k} R_i \qquad (2 - 9)$$

结合以上两个公式，则

$$R_S = \prod_{i=1}^{k} \left[1 - \prod_{j=1}^{n_i} (1 - r_{ij}) \right] \qquad (2 - 10)$$

通常来说，如果两种结构使用相同的元件，那么并 - 串联结构的可靠性要高于串 - 并联结构的可靠性。

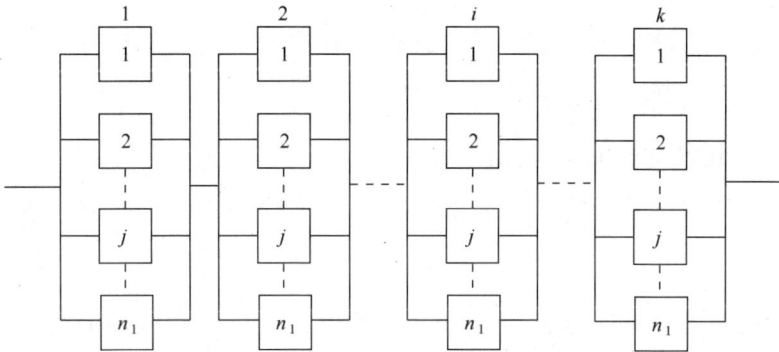

图 2 - 8 一个并 - 串联系统

（二）可靠性最优化的新发展

有关系统可靠性最优化的新发展成果可以分为以下七类：

1. 冗余分配的启发式算法

1980 年以前，几乎所有关于冗余分配的启发式算法都有一个普

遍的特征，即每一次迭代过程的解都是通过对其中一个变量增加 1 得到的，而要增加的变量是基于敏感性因素选择。而 1980 年以后的启发式算法是基于截然不同的途径。史定华[103]提出了随时间调整冗余元件的启发式算法，该方法要求确定可靠性系统的全部最小路集，然后再在选中的最小路集中调整冗余的元件。Jianping[104]提出了有界启发式算法，在每一次迭代过程中，通过对某一选定变量增加 1 并改变其他变量，从一个分界点变换到另一个分界点。

2. 冗余分配的智能算法

近几年，智能算法已成功地运用到求解可靠性最优化问题中，不过主要用于求解冗余分配问题。这些智能算法主要是基于仿真推断而不是古典数学的优化问题，如遗传算法、模拟退火法和禁忌搜索法。遗传算法是模拟父母与子女关系的生物进化现象的一种方法。模拟退火法是基于冶金学中的物理过程提出来的。禁忌搜索法源于求解智能问题时所收集的原理。

3. 冗余分配的精确算法

精确算法的目的是希望得到问题的精确解，但用此方法求解可靠性最优化问题十分困难，因为可靠性最优化问题等价于非线性整数规划问题。精确算法的计算量一般很大，并且要求有很大的计算机内存。由于这个原因，研究可靠性最优化问题的学者将注意力集中在启发式算法上。然而，好的精确算法对启发式算法也形成了挑战，当问题规模不是很大时，精确算法就显示出了其特殊的优点，而且精确解能够评价启发式算法的效果。

4. 可靠性—冗余分配的启发式算法

通常可以通过对元件进行冗余或提高元件的可靠性这两种方式

来提高系统的可靠性。然而，这两种方式都会增加系统的成本。因此，对于有预算限制的可靠性最优化问题就需要对这两种选择进行权衡。这种通过冗余元件或选择更高可靠性的元件，使系统可靠性最大化的问题就是可靠性—冗余分配问题。

可靠性—冗余分配问题起源于软件可靠性最优化问题。软件的冗余元件可以通过不同组的人员分别开发研究得到。任何软件的元件可靠性都可以通过额外测试得到提高，这需要各种各样的资源。软件系统的另一个特点就是其元件不必完全独立。Chi 和 Kuo[105] 用混合非线性规划问题表示了软件系统的可靠性冗余分配，该系统包括软件和硬件。

5. 可靠性系统的多目标优化

系统设计中的单一目标最优化问题包括在资源消耗约束下使系统可靠性最大化的问题，或是在满足系统可靠性下限和其他资源限制条件下使消耗最小化的问题。当设计一个可靠性系统时，通常希望同时满足这两方面的要求，即同时达到系统可靠性最大和资源消耗最小。然而，同时满足系统可靠性最大和资源消耗最小有时是难以实现的，尤其是资源耗费的限制不能精确表示出来时，最好采用多目标方法来进行系统设计。使用该方法也许得不到一个能够使每一个目标最优化的解，因为它需要确定所有的帕累托最优解。

6. 可靠性系统中可互换元件的最优指派

如果系统中可靠性不同的元件之间可互换，则系统的可靠性由这些元件所处位置的不同而决定。对于单调关联系统中可互换元件的最优指派问题，已经有了许多的讨论，特别是对 n 中取连续 k 系统。一些学者将元件的指派问题归结成系统的最优装配问题。

Malon[106]提出了可以用一个贪婪规则来装配单调关联系统的模块而不是收集可用元件。贪婪规则就是用最有用的元件一个接一个地进行模块装配。如果模块是串联结构，该规则就给出整个系统元件的最优指派，即在系统中以最优的方式安排模块。Lin 和 Kuo[107]提出了当元件可靠性在各位置上不变时，求解一般单调关联系统的最优元件分配问题的贪婪方法。在一般框架下，已经对单一元件并联/储备冗余到单调关联系统的最优指派做了某些有趣的研究工作。通过与斐波那契序列的关系，给定顺序 k，由 Lin 等[108]得到了一个 n 中取连续 k 系统每个元件结构重要度的封闭解。

7. 效用函数最优化方法

提高系统可靠性的常用方法之一就是提高元件的可靠性。然而，元件可靠性的提高要消耗资源，这些耗费可能是对成本、能源等的消耗。系统可靠性的提高也要相应消耗资源。假设元件可靠性从一个水平提高到另一个水平所消耗的资源可以用数学函数评价，这样的数学函数叫效用函数，该函数有时没有明确的函数形式。可靠性工程师常根据开发过程的知识来形成效用函数。所以，要考虑的问题是对一般单调关联系统，如何将元件的可靠性从一个水平提高到所要求的水平时使资源消耗达到最小。

五、本章小结

本章为本书研究内部控制监督投资的基础。首先介绍了内部控制理论及其发展情况，其次对国外比较著名并已得到广泛应用的内部控制框架，包括 COSO 的 1992 版和 2013 版《内部控制——整合框架》、2004 版和 2017 版《企业风险管理——整合框架》以及《内部控制体系监督指南》，进行了介绍和说明。再次介绍了 COBIT 模型和 IT 内部控制的相关内容。最后介绍了系统可靠性的相关理论、计算模型和最优化方法的新发展。

第三章

内部控制监督的最优投资分配

随着大量舞弊与经营失败案例（如雷曼兄弟和贝尔斯登破产、美国国际集团深陷次贷泥潭）的发生，监管部门、企业和学术界都将关注的焦点对准了内部控制的有效性。COSO 的《企业风险管理——整合框架》可以帮助企业建立健全风险预警机制，加强风险分析和风险管理，但不能保证内部控制的有效性。所以，尽管很多知名的大企业都执行了《企业风险管理——整合框架》，但还是不能避免舞弊甚至破产的发生。根据以上情况，COSO 委员会在《企业风险管理——整合框架》之后，又发布了《内部控制体系监督指南》。该《指南》以风险为导向，致力于对企业内部控制过程的持续、有效的监督，提高内部控制质量，使企业信息更加可靠[109]。Masli 等[110]曾指出内部控制监督技术能为企业带来重大收益，执行内部控制监督可以降低企业重大内部控制缺陷发生的可能性。

一、问题的提出

内部控制系统不仅受到企业内、外部风险因素的影响，还被企业的经济资源所约束。内部控制的措施是以复杂的企业内部业务流程为基础才能得以实施[67]，而业务流程的正确执行反过来又需要内部控制的高有效性作为保证。因此，提高业务流程的可靠性是内部控制发挥作用的关键。要想达到以上目标，就应尽量避免内部控制缺陷的发生，而这势必要增加企业对内部控制监督的投入。但是，从经济学的角度来说，并不是对内部控制监督的投入越多越好，要充分考虑企业的效用。持续性内部控制监督固然可以减少管理者的利己行为，然而内部控制监督也会引起管理者对其业绩评价的担忧，使他们感觉到上级对他们的不信任，从而导致管理者放弃一些风险较高，但收益较好的项目[111]。成本效益原则是企业建立、健全企业内部控制的基本原则，也是本章所研究问题的出发点。

国外早期的内部控制研究大多利用数学模型来描述内部控制的状态。国内学者对内部控制的评价问题有的以定性研究为主，如吴秋生和杨瑞平[59]从成本与效率权衡的角度出发，提出了内部控制评价整合的必要性，分别提出了外部主体内整合和内部主体内整合，从而更加有效地推进内部控制的完善程度。陈汉文和张宜霞[62]对内部控制的有效性进行了分析，并将目前的内部控制评价方法概括为两大类，一类是详细评价法，另一类是风险基础法，本书认为后一类方法具有更高的成本效益和效率。也有一部分内部控制评价的论文以定量研究为主，杨洁[65]引入 PDCA 循环理论，结合内部控制体系的建设过程，构建了基于 PDCA 循环的内部控制综合评价指标，确立了综合评价内部控制有效性的模型。韩传模[67]以及骆良彬等[68]利用层次分析法为内部控制有效性评价提供技术支持。通过对国内研究情况的综述不难发现，国内对于内部控制成本和投入方面的研究还很少。王立勇[69]提出可以采用可靠性理论及数理统计方法来构建内部控制系统评价定量分析数学模型的方法，该方法主要利用产品可靠性的假设及相关模型来估计每个流程和系统的可靠性。需要指出的是，产品的可靠性和内部控制流程的可靠性不能相提并论，虽然都是可靠性，但存在巨大的差异。产品由各个零部件通过串、并联的方式相连，产品可靠性从很大程度上来说取决于零部件的寿命，产品的可靠性随使用时间的增加而减小，这一特性显然不符合企业中内部控制的特点。但值得说明的是，与其他内控评价研究不同，王立勇考虑了内部控制措施的成本问题。

二、制度背景与理论分析

COSO 委员会于 2009 年 1 月发布了《内部控制体系监督指南》，目的是提高对内部控制有效监督的理解、推动其应用，以改进内部控制系统的有效性。尽管 COSO 委员会 1992 年《内部控制——整合框架》和 2006 年《小型上市公司财务报告内部控制指南》均引入并从原则上阐释了监督在内部控制五要素中扮演的角色和所起的作用，但在指导应用方面还不够。此次发布的《指南》分析了有效监督的各构成要素，并提供了具体应用的原则和方法，因而能够改变其目前未得到充分利用的状况，极大地推动这一关键内部控制要素的广泛应用。

影响监督有效性的三个因素包括：监督开展的控制环境、根据风险水平采用有效监督程序和分配监督资源，以及向适当人员及时报告包括内部控制缺陷在内的监督结果。其中特别强调了"根据风险水平采用有效监督程序和分配监督资源"。影响监督计划的因素包括组织规模与复杂性、经营活动的特性（如是否经常变化、是否容易发生舞弊等）、监督的目的（如内部管理需要和满足外部监管法规的要求）、控制活动对达成组织目标的重要性等。应基于风险评估的结果进行优先级排序，分配资源，采取相应的监督方式。有效地监督应收集并分析充分适当的信息，形成具有说服力的关于内部控制有效性的结论。

　　内部控制系统内嵌于企业复杂的组织机构和繁杂的日常业务流程中，受瞬息万变的外部风险因素影响以及内部经济资源约束，各因素间相互作用、相互影响，是一个开放、动态的复杂系统。对企业而言，企业的业务流程能否正确执行是企业价值实现的关键，而内部控制活动的有效性就是为了保证业务流程按照企业的控制目标得以准确执行，从而最终保证会计报表的真实性和准确性。为了增加业务流程的可靠性，尽量避免内部控制缺陷的发生，势必要增加对内部控制监督的投入。但是，从经济学的角度来说，并不是对内部控制监督的投入越多越好，要充分考虑企业的效用。持续性内部控制监督固然可以减少管理者的利己行为，然而内部控制监督也会引起管理者对其业绩评价的担忧，使他们感觉到上级对他们的不信任，从而导致管理者放弃一些风险较高，但收益较好的项目。

　　樊行健、宋仕杰[112]认为内部控制监督是指企业以风险为导向确定监督重点，按照成本效益原则选择实施监督程序，发现并改进控制缺陷，从而合理确保内部控制体系持续有效运行的过程。通过内部监督的有效实施，可以实现内部控制缺陷最小化，维护内部控制体系持续有效运行，从而合理保证控制目标的实现，进而提升企业价值。因此，内部控制监督应遵循两个原则，即风险导向原则和成本效益原则。内部控制监督要素隶属于内部控制体系，是对内部控制的再控制，使管理层能够判断内部控制的其他组成要素是否得以执行并起到了作用，是内控体系中抵御风险的最后一道防线。内部控制监督应结合风险分析的结果，侧重于关注重点和优先控制风险。以风险为导向可以帮助企业将监督的重点放在能为内控体系有效性结论提供足够支持的领域，识别和整改监督无效领域的内部控制缺陷，从而提高内部监督的效果。内部控制监督需要耗费一定的人力和物力，但资源有限，企业不能也不应该为内部控制监督毫无节制地投入资源，而是应该权衡内部监督的实施成本与预期收益，以适当的成本实现有效监督。SOX 法案正是由于其过高的执行成本而颇受争议。成本效益原则可以帮助企业将有限资源投入可以提供更多价值的监督措施或程序中去，从而提高内部控制监督的效率。

综上，目前学术界对企业内部控制监督的投资分配优化问题还鲜有研究。本书主要应用经济学的研究方法，通过对业务流程可靠性和增加内部控制监督投入后的成本效益问题的分析，为企业的管理者提供一种关于内部控制监督相关投入的定量分析与决策模型，即是否增加内部控制监督的投入及增加多少投入才能使企业效用最大化。和大部分应用可靠性理论的研究一样，本书假设各个流程之间是相互独立的①。

---

① Simen[113]在 1969 年提出的"近似可分"原则认为复杂系统通常是近似可分的。另外，为了减少和控制错误的发生，企业信息系统中的独立性关系是非常普遍的。所以，可以近似认为企业的业务流程之间是相互独立的。后面的章节也考虑了流程之间不独立的情况。

三、内部控制基本评价模型及相关函数

在信息系统环境下，内部控制及其监督措施应以系统为单位，内嵌于各个系统之中，如采购系统、销售系统等。但是，系统又是由各个流程整合而成的，所以本书所涉及的内部控制评价及内部控制监督的投资问题均以流程为研究的最小单位，然后针对由流程构成的系统讨论其最优效用问题。

（一）系统及流程可靠性

本部分首先给出流程可靠性的概念，然后在流程可靠性的基础上定义系统的可靠性。本书定义的流程可靠性是由流程的潜在风险率和内部控制缺陷率来共同描述的。流程 i 的可靠性是指该流程正确无误执行的概率，即实现企业控制目标的程度，用 r_i 来表示（其中，$i=1,2,\cdots,n$）。流程的潜在风险是指假设不存在相关的内部控制，该流程发生风险（包括有意和无意的错误）的可能性，用 E_i 表示（$E_i \in [0,1]$）。如在采购环节可能发生供应商选择不当，不能及时提供所需产品的风险。如果这些风险的发生是由于生产和采购人员知识有限，预测不准确造成的那属于无意的错误，而如果是企业员工的故意之举那就是有意的错误。当然，在这些潜在风险中还包括一些不可预知的随机干扰，这需要在对流程进行风险评估时加以考虑。潜在风险是否会发生由内部控制缺陷率决定，内部控制缺陷率是指该流程的某项风险发生，而该风险没有被企业的内部控

制及时防止、发现和纠正的可能性，用 ω_i 表示。对于潜在风险和缺陷率，这里沿用 Littlewood 等[114]的方法，用概率来度量安全系统及其不确定性①。因此，$\omega_i \in [0,1]$，该参数越大，潜在风险实际发生的概率 $E_i\omega_i$ 就越大。

流程的可靠性用 $r_i = 1 - E_i\omega_i$ 来度量，因为 E_i 和 ω_i 均属于 $[0,1]$，所以 $r_i \in [0,1]$。当 $\omega_i = 0$ 时，说明内部控制系统不存在缺陷，换句话说就是内部控制措施完全起作用，风险实际发生的概率为零，业务流程完全可靠。如果 $\omega_i = 1$，说明内部控制完全无效，流程的可靠性由潜在风险发生的概率决定，潜在风险的发生概率越高，流程可靠性越低。这里没有借用产品可靠性的理论来定义流程的可靠性，而是通过对风险审计中的公式进行一定的改进，重新定义了较为符合实际的流程可靠性的模型。这是因为企业业务流程的可靠性与产品的可靠性不同，前者主要受人为因素的影响，所以本书在定义可靠性模型时充分考虑了这个因素，并在潜在风险 E_i 中体现。

根据流程的不同连接方式，系统的可靠性分串、并联两种类型来定义，若业务流程及内部控制点以串联方式连接，则串联系统的可靠性为 $R = \prod_{i=1}^{n} r_i$；若业务流程及内部控制点以并联方式连接，则并联系统的可靠性为 $R = 1 - \prod_{i=1}^{n} (1 - r_i)$。

本章假设流程的潜在风险是客观存在的，即使内部控制非常完善的企业也会存在这些潜在风险（$E_i > 0$），企业不能通过投资来降低潜在风险存在的可能性，但企业能改变的是内部控制缺陷程度。

---

① Littlewood 等[114]提出，对于安全系统的不确定性应用概率来表示，并且他们认为主观概率（subjective probability）是最合适的。

企业可以通过对内部控制监督进行投资，增加内部控制监督措施来降低内部控制缺陷率，从而有效地控制潜在风险发生的概率。所以内部控制及监督措施完善的企业之所以发生错误的可能性小是因为内部控制缺陷率低。比如，在采购流程中，普遍存在的潜在风险是供应商选择错误的风险，但这种风险是否会发生以及发生的概率是由采购环节所采取的内部控制及其监督措施得以正确实施的程度决定的。该流程的内部控制监督措施越有效，内部控制缺陷率就越低，那么供应商选择错误的风险发生的可能性就越小。

参数 v_i 代表流程 i 的价值，则整个企业的价值表示为 $V = \sum_{i=1}^{n} v_i$。在此，流程的价值用没有实施内部控制监督可能造成的损失来计量，这些损失包括报告重大内部控制缺陷的成本以及保证成本[10,27]。t_i 表示为了降低流程 i 的内部控制缺陷率，企业应该为该流程的内部控制监督投入的成本，$t_i > 0$。T 代表整个企业的内部控制监督的投资额，它等于各个流程的投资额之和，即 $T = \sum_{i=1}^{n} t_i$。投入 t_i 后，内部控制的缺陷率由 ω_i 降低到 ω_{it}（ω_{it} 是关于 t_i 和 ω_i 的函数），那么缺陷率改变后的可靠性可表示为

$$r_{it} = 1 - E_i \omega_{it} \qquad (3-1)$$

（二）系统及流程的效用函数

为了确定企业增加的内部控制监督的最优投资额，我们提出了下面的效用函数

$$U(T) = VR - T \qquad (3-2)$$

U 代表的是企业整体的效用，R 代表系统的可靠性。若业务流程

之间是以串联方式连接的话，那么 $R = R_S = \prod\limits_{i=1}^{n} r_{it}$，若以并联方式连接，则 $R = R_P = 1 - \prod\limits_{i=1}^{n} (1 - r_{it})$。值得注意的是，$\partial R / \partial r_{it} > 0$，因为无论是串联系统还是并联系统，只要某一流程的可靠性提高，系统整体的可靠性必然提高。

流程 i 的效用，用 U_i 来表示，即

$$U_i(t_i) = v_i r_{it} - t_i \qquad (3-3)$$

则各个流程的效用之和为

$$\sum_{i=1}^{n} U_i(t_i) = \sum_{i=1}^{n} v_i r_{it} - \sum_{i=1}^{n} t_i \qquad (3-4)$$

而企业整体效用为

$$U(T) = \sum_{i=1}^{n} v_i R - \sum_{i=1}^{n} t_i \qquad (3-5)$$

串联系统中，整体效用

$$U_S(T) = \left(v_1 \prod_{i=1}^{n} r_{it} - t_1 \right) + \left(v_2 \prod_{i=1}^{n} r_{it} - t_2 \right) + \cdots + \left(v_n \prod_{i=1}^{n} r_{it} - t_n \right)$$

$$(3-6)$$

可知

$$U_S(T) \leqslant \sum_{i=1}^{n} U_i(t_i) \qquad (3-7)$$

并联系统中，整体效用

$$U_P(T) = \left\{ v_1 \left[1 - \prod_{i=1}^{n} (1 - r_{it}) \right] - t_1 \right\} + \left\{ v_2 \left[1 - \prod_{i=1}^{n} (1 - r_{it}) \right] - t_2 \right\}$$

$$+ \cdots + \left\{ v_n \left[1 - \prod_{i=1}^{n} (1 - r_{it}) \right] - t_n \right\}$$

$$(3-8)$$

可知

$$U_P(T) \geqslant \sum_{i=1}^{n} U_i(t_i) \qquad\qquad (3-9)$$

命题 3-1 以并联方式相连的业务流程和内部控制点的效用大于各个流程的效用之和，而以串联方式连接的业务流程的效用小于各个流程的效用之和，所以企业管理者应尽量采用并联的方式连接业务流程和内部控制点，同时尽量减少以串联方式连接的业务流程，这样可以增加企业的整体效用。

从经济学的角度讲，企业对内部控制监督的投资要遵循成本效益原则，使企业效用最大化。并且，企业找到使整体效用最大的各流程的投资额的可能性不大，因为这样会消耗大量的成本，资金的稀缺性限制了这种情况的发生。所以在企业实际的决策中，最可能的情况则是在存在总投资预算 B 约束的情况下找到局部最大效用和最优投资额。所以，本书从实际出发，将内部控制监督投资额的分配问题概括为以下最优规划问题：

$$\max \quad U(t_i) = VR(t_i, \omega_i) - \sum_{i=1}^{n} t_i$$

$$s.t. \quad \sum_{i=1}^{n} t_i \leqslant B$$

$$0 \leqslant t_i \leqslant B, i = 1, 2, \cdots, n \qquad (3-10)$$

经过上面的分析可知，$R(t_i, \omega_i)$ 是关于 t_i 和 ω_i 的函数。

（三）缺陷率函数及其假设

如前文所述，由于企业对内部控制监督的投资可以降低内部控制缺陷率，降低后的缺陷率为 ω_{it}，是关于 t_i 和 ω_i 的函数。假设

$\omega_{it}(t_i,\omega_i)$ 函数是光滑的，并满足以下假设：

假设 1　对于所有的 t_i，$\omega_{it}(t_i,0) = 0$。也就是说如果投资前内部控制的缺陷率为 0，那么无论再投入多少，缺陷率仍为 0。

假设 2　对于所有的 ω_i，$\omega_{it}(0,\omega_i) = \omega_i$。如果投入的成本为 0，那么内部控制的缺陷率无任何改变。

假设 3　当 $\omega_i \in [0,1]$ 时，$\omega_{it}(t_i,\omega_i)$ 函数是二阶连续可微的，它的一阶导数 $\partial\omega_{it}/\partial t_i < 0$，二阶导数 $\partial^2\omega_{it}/\partial t_i^2 > 0$（图 3-1）。当 $t_i \to \infty$ 时，$\lim\omega_{it}(t_i,\omega_i) \to 0$。

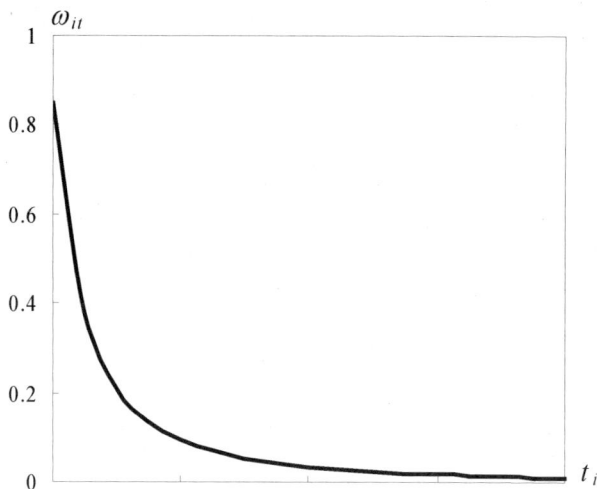

图 3-1　投资额与投资后的缺陷率之间的关系

t_i、ω_i 和 ω_{it} 之间的关系可以用图 3-2 来说明。当内部控制监督的投入为零时，缺陷率在投资前后不发生变化，保持原值不变，可以表示为图中的对角线。随着对内部控制监督投入的逐渐增加（$t_{i1} < t_{i2} < t_{i3}$），投资后的缺陷率逐渐减小，当投资无限增大时，缺陷率无限趋近于零，即图中的对角线不断向横轴靠近。

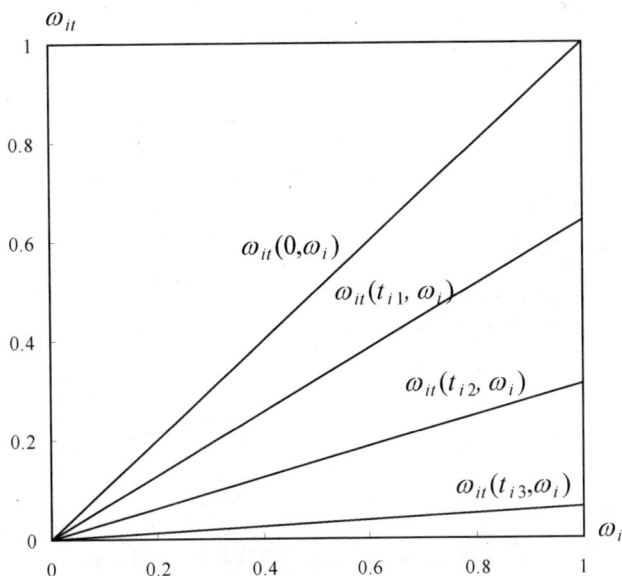

图 3-2 投资额对投资前、后缺陷率的影响

为了计算方便，给出一个缺陷率函数的特定形式，用下式表示

$$\omega_{it}(t_i, \omega_i) = \omega_i / (\alpha_i t_i + 1)^\beta \qquad (3-11)$$

其中，α_i（$i = 1, 2, \cdots, n$）代表流程 i 的内部控制强度（$\alpha_i > 0$），β 代表内部控制系统的整体强度（$\beta \geqslant 1$），β 的大小与企业自身的内部控制效果有关。α_i、β 越大内部控制强度越大，针对某一流程而言投资相同金额所得到的效果越好，即投入较少的金额就能获得较低的内部控制缺陷率。如图 3-3 所示，随着 β 的增大，缺陷率下降的速度变快。投入相同的金额，β 值越大，投资所起的作用越明显。

用 $t_i^*(\omega_i)$ 代表内部控制监督的最优投资额。由假设 1 可知，如果流程 i 的内部控制缺陷率为零，那么内部控制监督的最优投资额就为零，即 $t_i^*(0) = 0$。假设内部控制的缺陷率既不为 0 也不为 1，

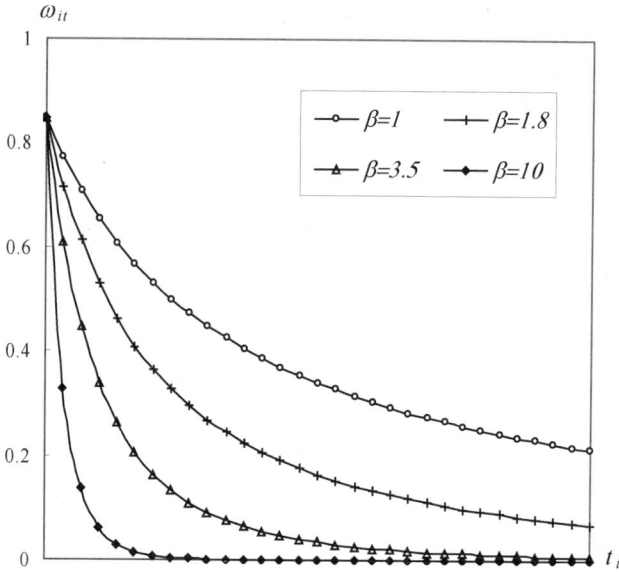

图3-3 内部控制强度对投资额及缺陷率的作用

即 $0 < \omega_i < 1$。由假设3和图3-1可知，$\omega_{it}(t_i, \omega_i)$ 是 t_i 的严格凸函数，那么 $U(t_i)$ 就是 t_i 的严格凹函数。因此，最优解 t_i^* 可以通过一阶导数等于零来求得，即

$$- E_i VR_t \partial\,\omega_{tm}/\partial\,t_i = 1 \qquad (3-12)$$

如果业务流程以串联方式相连，则

$$R_t = R_{tS} = \prod_{j=1, j \neq i}^{n} r_{jt} \qquad (3-13)$$

如果以并联方式相连，那么

$$R_t = R_{tP} = \prod_{j=1, j \neq i}^{n} (1 - r_{jt}) \qquad (3-14)$$

由二阶导数和假设3，可知 $\partial^2 U/\partial\,t_i^2 < 0$，所以效用可以取得最大值。另外，只有当 $\partial U/\partial\,t_i > 0$ 时，才能得到非零的最优投资额 t_i^*，否则最优投资额为零。也就是此时企业不用增加内部控制监督的

投资，已经达到最大的效用，增加投资反而会使企业效用减小。

将（3-11）式代入（3-12）式，可以求得投资额的最优解

$$t_i^* = [(\alpha_i \beta E_i \omega_i VR_t)^{1/(\beta+1)} - 1]/\alpha_i \qquad (3-15)$$

根据上面的分析可知 $t_i^* > 0$，即 $\alpha_i \beta E_i \omega_i VR_t > 1$，可得到 $\omega_i > 1/\alpha_i \beta E_i VR_t$。也就是 $\omega_i > 1/\alpha_i \beta E_i VR_t$ 时，$t_i^* > 0$，否则 $t_i^* = 0$。

命题3-2　无论是串联还是并联，针对某一流程而言，只有 $\omega_i > 1/\alpha_i \beta E_i VR_t$ 时，最优投资额 t_i^* 才大于零，且此时 $t_i^* = [(\alpha_i \beta E_i \omega_i VR_t)^{1/(\beta+1)} - 1]/\alpha_i$，否则最优投资额为零。也就是当 $\omega_i < 1/\alpha_i \beta E_i VR_t$ 时，无须增加内部控制监督的投资，增加投资反而会使效用减小。

四、串联系统内部控制监督的最优投资分配模型

假设在串联系统中总投资额的约束为 B_S [①]，（3-4）式可以改写为

$$\max \quad U_S(t_i) = V \prod_{i=1}^{n} r_{it} - \sum_{i=1}^{n} t_i$$

$$s.t. \quad \sum_{i=1}^{n} t_i = B_S$$

$$0 \leq t_i \leq B_S, i = 1, 2, \cdots, n \qquad (3-16)$$

令 $\partial U_S / \partial t_1 = 0$，可以得到

----

① 假设 B_S 远远小于全局最优解 T_S^*。

$$\frac{E_1\omega_1}{E_n\omega_n} = \frac{(\alpha_1 t_1 + 1)^{\beta+1} - (\alpha_1 t_1 + 1)E_1\omega_1}{(\alpha_n t_n + 1)^{\beta+1} - (\alpha_n t_n + 1)E_n\omega_n} \qquad (3-17)$$

同理，若 $\partial U_s / \partial t_2 = 0$，则

$$\frac{E_2\omega_2}{E_n\omega_n} = \frac{(\alpha_2 t_2 + 1)^{\beta+1} - (\alpha_2 t_2 + 1)E_2\omega_2}{(\alpha_n t_n + 1)^{\beta+1} - (\alpha_n t_n + 1)E_n\omega_n} \qquad (3-18)$$

即

$$\frac{E_i\omega_i}{E_j\omega_j} = \frac{(\alpha_i t_i + 1)^{\beta+1} - (\alpha_i t_i + 1)E_i\omega_i}{(\alpha_j t_j + 1)^{\beta+1} - (\alpha_j t_j + 1)E_j\omega_j} \qquad (3-19)$$

假设 $1 \geqslant E_i\omega_i > E_j\omega_j \geqslant 0$，$\beta \geqslant 1$ 且 $\alpha_i, \alpha_j > 0$，则

$$(\alpha_i t_i + 1)^{\beta+1} - (\alpha_i t_i + 1)E_i\omega_i > (\alpha_j t_j + 1)^{\beta+1} - (\alpha_j t_j + 1)E_j\omega_j$$

$$(3-20)$$

即

$$(\alpha_i t_i + 1)^{\beta+1} - (\alpha_i t_i + 1)E_j\omega_j > (\alpha_j t_j + 1)^{\beta+1} - (\alpha_j t_j + 1)E_j\omega_j$$

$$(3-21)$$

$$(\alpha_i t_i + 1)^{\beta+1} - (\alpha_j t_j + 1)^{\beta+1} > (\alpha_i t_i - \alpha_j t_j)E_j\omega_j。$$

如果 $\alpha_i t_i - \alpha_j t_j > 0$，则

$$[(\alpha_i t_i + 1)^{\beta+1} - (\alpha_j t_j + 1)^{\beta+1}] / (\alpha_i t_i - \alpha_j t_j) > E_j\omega_j \geqslant 0,$$

$$(\alpha_i t_i + 1)^{\beta+1} > (\alpha_j t_j + 1)^{\beta+1} \qquad (3-22)$$

则 $\alpha_i t_i > \alpha_j t_j$，结果与假设 $\alpha_i t_i - \alpha_j t_j > 0$ 一致。

如果 $\alpha_i t_i < \alpha_j t_j$，则 $[(\alpha_i t_i + 1)^{\beta+1} - (\alpha_j t_j + 1)^{\beta+1}] / (\alpha_i t_i - \alpha_j t_j) < E_j\omega_j$。而这个式子是不成立的，因为 $[(\alpha_i t_i + 1)^{\beta+1} - (\alpha_j t_j + 1)^{\beta+1}] / (\alpha_i t_i - \alpha_j t_j) > 1$，$E_j\omega_j \leqslant 1$，因此，$\alpha_i t_i > \alpha_j t_j$。

命题 3-3　在串联系统中，针对本章给定的缺陷率函数（3-11）式，当 $E_i\omega_i > E_j\omega_j$ 时，$\alpha_i t_i^* > \alpha_j t_j^*$。也就是若业务流程以串联方

式连接，如果流程 i 的潜在风险实际发生的概率大于流程 j 的，那么对流程 i 的内部控制监督的最优投资与该流程内部控制强度的乘积应大于流程 j 的，即流程潜在风险实际发生的可能性越大，最优投资额与该流程内部控制强度的乘积就越大。

为了简化计算并求得解析解，令 $\beta = 1$，$n = 2$[①]，可以得到

$$\begin{cases} \dfrac{E_1\omega_1}{E_2\omega_2} = \dfrac{(\alpha_1 t_1 + 1)^2 - (\alpha_1 t_1 + 1)E_1\omega_1}{(\alpha_2 t_2 + 1)^2 - (\alpha_2 t_2 + 1)E_2\omega_2} \\ t_1 + t_2 = B_S \end{cases} \quad (3-23)$$

求解（3-23）式可得 $t_2^* = -b + \sqrt{b^2 - 4as}/2a$（图 3-4）。

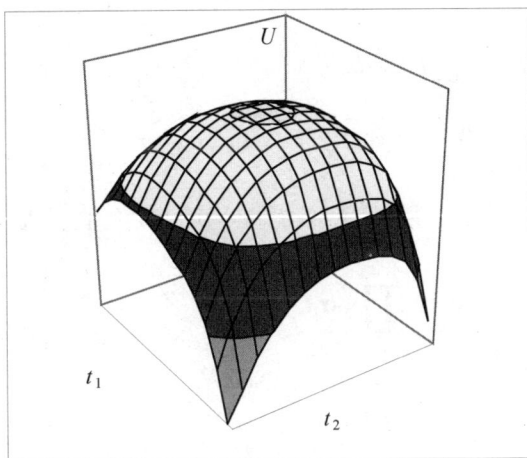

图 3-4　两个流程串联时的最优投入与效用

其中：$a = E_1\omega_1\alpha_2^2 - E_2\omega_2\alpha_1^2$，$b = \alpha_2 E_1\omega_1(2 - E_2\omega_2) + \alpha_1 E_2\omega_2(2\alpha_1 B_S +$

----

① 无论业务流程之间的关系多复杂，都可以被划分为两个流程（此时的流程可以被视为模块）的串联或并联，然后再依次细分下去。

$2 - E_1 \omega_1)$, $s = E_1 \omega_1 (1 + \alpha_1 B_S E_2 \omega_2) - (\alpha_1 B_S + 1)^2 E_2 \omega_2$ 。那么, $t_1^* = B_S$ $- t_2^*$ 。

五、并联系统内部控制监督的最优投资分配模型

并联系统与串联系统分析问题的方法相同,假设在并联系统中总投资额的约束为 B_P [①],(3 - 10)式可以改写为下面的规划

$$\max \quad U_P(t_i) = V\left[1 - \prod_{i=1}^{n}(1 - r_{it})\right] - \sum_{i=1}^{n} t_i$$

$$s.t. \quad \sum_{i=1}^{n} t_i = B_P$$

$$0 \leqslant t_i \leqslant B_P, i = 1, 2, \cdots, n \qquad (3 - 24)$$

此规划可以转化为求 $\prod_{i=1}^{n}(\alpha t_i + 1)$ 的最大值,即

$$\max \quad \prod_{i=1}^{n}(\alpha_i t_i + 1) = Z$$

$$s.t. \quad \sum_{i=1}^{n} t_i = B_P \qquad (3 - 25)$$

$$0 \leqslant t_i \leqslant B_P, i = 1, 2, \cdots, n$$

当一阶偏导 $\partial Z / \partial t_i = 0$ 时, Z 取得最大值,即

---

① 同串联系统一样,假设 B_P 远远小于全局最优解 T_P^* 。

$$
\begin{cases}
\partial\ (\alpha_1 t_1 + 1) \cdot \prod_{i=2}^{n-1}(\alpha_i t_i + 1) \cdot [\alpha_n(B_P - t_1 - t_2 - \cdots - t_{n-1}) + 1]/\partial\ t_1 = 0 \\
\partial\ (\alpha_2 t_2 + 1) \cdot \prod_{i=1, i\neq 2}^{n-1}(\alpha_i t_i + 1) \cdot [\alpha_n(B_P - t_1 - t_2 - \cdots - t_{n-1}) + 1]/\partial\ t_2 = 0 \\
\cdots \\
\partial\ (\alpha_{n-1} t_{n-1} + 1) \cdot \prod_{i=1}^{n-2}(\alpha_i t_i + 1) \cdot [\alpha_n(B_P - t_1 - t_2 - \cdots - t_{n-1}) + 1]/\partial\ t_{n-1} = 0
\end{cases}
\tag{3-26}
$$

可以得到

$$
\begin{cases}
t_1 - t_n = (\alpha_1 - \alpha_n)/\alpha_1 \alpha_n \\
t_2 - t_n = (\alpha_2 - \alpha_n)/\alpha_2 \alpha_n \\
\cdots \\
t_{n-1} - t_n = (\alpha_{n-1} - \alpha_n)/\alpha_{n-1} \alpha_n
\end{cases}
\tag{3-27}
$$

将（3-27）式中的各式相加，可得

$$
\begin{cases}
t_n = (B_P - Q)/n \\
t_1 = (\alpha_1 - \alpha_n)/\alpha_1 \alpha_n + (B_P - Q)/n \\
t_2 = (\alpha_2 - \alpha_n)/\alpha_2 \alpha_n + (B_P - Q)/n \\
\cdots \\
t_{n-1} = (\alpha_{n-1} - \alpha_n)/\alpha_{n-1} \alpha_n + (B_P - Q)/n
\end{cases}
\tag{3-28}
$$

其中，

$$
Q = \sum_{i=1}^{n-1}[(\alpha_i - \alpha_n)/\alpha_i \alpha_n]
\tag{3-29}
$$

若 α 均相等，则 $t_1 = t_2 = \cdots = t_n = B_P/n$，此时并联系统的效用取最大值。

命题 3-4 在并联系统中，针对本章给定的缺陷率函数（3-11）式，当缺陷率函数中各流程的内部控制强度 α_i（$i = 1, 2, \cdots, n$）

不相等时，投资额与内部控制强度 α_i 有关；若 α 均相等时，$t_1^* = t_2^*$ $= \cdots = t_n^* = B_P/n$，并联系统的效用取最大值。

六、串、并联联合情况的实例分析

市场经济极度发达的今天，产品极大丰富，而商品提供者之间的竞争也十分激烈。为了抢占市场，供应商纷纷通过降价的方式在残酷的竞争中求得生存。降价的背后则是产品质量的不确定，到底是质优价廉还是质次价高呢？这同时也带来了社会诚信的大问题，社会诚信一时间降到低谷。在这样的背景下，企业的采购环节就成为决定其在竞争中的成败关键。如果采购者从企业的利益出发，那么他们会选择质优价廉的产品，若从自身利益出发，就会选择质次价高的产品。所以，我们以采购业务较多的制造业付款采购环节中的付款审批业务为例，来说明上述模型在制造类企业当中的应用。

首先对这类企业的付款审批业务的主要业务流程和关键控制点进行简单的描述（图3－5）。模块1中采购人员要定期汇总采购合同及采购订单，然后再对采购合同约定的付款条件以及采购发票、结算凭证、检验报告、计量报告和验收证明等相关凭证的真实性、完整性、合法性及合规性进行严格审核，并核对合同执行情况，汇总应付款项。除了正常的采购订单和合同外，有时公司也会发生一些无采购订单的付款事项，这时就需要公司主管部门对这些无采购订单、收货单、原始发票或无相关凭证的付款申请的合理性进行审核。流程1－1中可能存在的风险为采购合同汇总时发生遗漏，这点可通过对采购合同进行编号来防止，但对那些无采购订单的付款事项就需特别注意。所以这个流程给定的模拟参数值为：$v_{11} = 6$，$E_{11} = 0.5$，$\omega_{11} = 0.4$，则该流程的可靠性为 $r_{11} = 0.8$。流程 1-2 中可能存在的风险为采购发票审核错误（如对对应关系不恰当的发票、采购订单和收货记录没能及时发现等审核错误）、应付账款金额错误、付款信息和付款条件审核错误（付款信息错误主要指收款人信息不正确，可能导致错误付款的发生；付款条件错误主要指对供应商提供的付款条件理解有误，企业错过最佳付款时间或采用错误的付款方式，最终造成损失）等。这些风险可通过设专人对发票等进行再复核，同时及时调查、解决这类不符事项，特别是对长期未达收货确认单、采购订单或发票进行调查。对付款信息和付款条件审核错误可以通过为供应商建立独立的数据库，将供应商的全部信息录入数据库内，然后由应付账款批准人、最终的付款审批人之外的第三人来管理该数据库，并定期与供应商对账，确保在恰当的时间取得供应商提供的现金折扣。所以这个流程我们给定的模拟参数值为 $v_{12} = 8$，$E_{12} = 0.6$，$\omega_{12} = 0.6$，则该流程的可靠性为 $r_{12} = 0.64$。

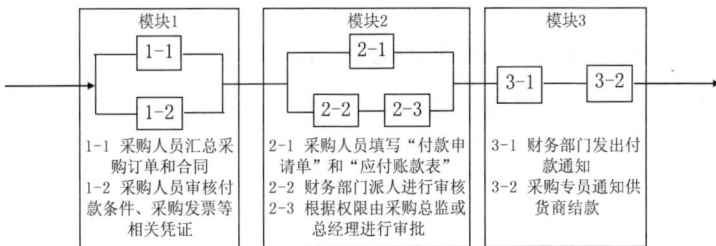

图 3-5　付款审批业务流程图及关键控制点

模块 2 中由采购人员填写"付款申请单"和"应付款项表"，

提交采购部经理审核，确保数字准确无误；再由财务部出纳依据采购合同相关协议、发票等对"付款申请单"进行复核后，提交采购总监和总经理根据权限进行审批，办理付款。在这个模块中要做到对所有因采购货物而收到的发票及时、准确地处理。在批准付款前，要再次审核支持文件。这里需要注意的关键控制点为审批付款的人员不应负责实际付款操作。流程 2-1 中可能存在的风险为付款申请单据不充分、不完整，"付款申请单"和"应付账款表"填写错误等。所以这个流程给定的模拟参数值为 $v_{21} = 4$，$E_{21} = 0.5$，$\omega_{21} = 0.5$，则该流程的可靠性为 $r_{21} = 0.75$。流程 2-2 和 2-3 中可能存在的风险为审核权限模糊，岗位分离不清晰，导致企业资产损失、资源浪费或发生舞弊行为。所以这两个流程给定的模拟参数值分别为：$v_{22} = 5$，$E_{22} = 0.8$，$\omega_{22} = 0.6$，流程 2-2 的可靠性为 $r_{22} = 0.52$；$v_{23} = 7$，$E_{23} = 0.4$，$\omega_{23} = 0.3$，流程 2-3 的可靠性为 $r_{23} = 0.88$。

模块 3 是在付款所有的审批手续都已完成的情况下由财务部门发出付款通知，然后采购专员通知供货商结款。根据实际经验，此模块中的两个流程基本不会出现纰漏，所以认为这两个流程的可靠性均为 1，也就是说在进行内部控制监督投资时 $t_{31}^* = t_{32}^* = 0$。其他数据为 $\alpha = 1.5$，$\beta = 1$，$B = 3$。[①]

针对该实例，可以得到下面的规划

$$\max \quad U_P(t_i) = V[1 - (1 - r_{11t})(1 - r_{12t})]$$
$$[1 - (1 - r_{21t})(1 - r_{22t}r_{23t})] - \sum t_{ij}$$
$$s.t. \quad \sum t_{ij} = B$$

---

① 内部控制监督投资总额 B 假定为系统总价值 V 的 10%。

$$0 \leqslant t_{ij} \leqslant B, i = 1,2 \quad j = 1,2,3 \qquad (3-30)$$

将（3-11）式代入上式，得到仅有未知数 t_{ij}（$i = 1,2$；$j = 1,2,3$）的最优规划，可利用一些计算机算法求得最优解，也可利用本章提供的方法求解。

利用前面的模型对付款审批业务做出是否增加内部控制监督投资以及增加多少投资的决策分析。以模块1和模块2为基础，分解投资约束 B。因为模块1和模块2是以串联方式连接，所以用串联的模型求解。首先计算模块1和模块2的可靠性分别为 $R_1 = 1 - (1 - r_{11})(1 - r_{12}) = 0.928$，$R_2 = 1 - (1 - r_{21})(1 - r_{22}r_{23}) = 0.864$；然后经计算得到 $t_1^* = 1.164$，$t_2^* = 1.836$（图3-6）。

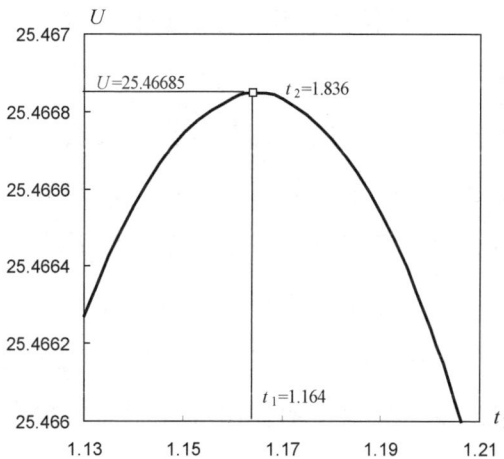

图3-6 模块1和模块2分配的投资额

接下来再分解模块1，模块1里面的两个流程也是以并联方式连接，所以继续使用并联模型求解，可以得到 $t_{11}^* = t_{12}^* = 0.582$，$r_{11t} = 0.893$，$r_{12t} = 0.808$，$R_{1t} = 0.980$。模块2中的三个流程是先并联后串联的方式，所以使用并联模型求解，得到 $t_{21}^* = t_{22}^* + t_{23}^* = t_2^*/2 =$

0.918，$r_{21t} = 0.895$。然后再使用串联模型求解，得到 $t_{22}^* = 0.863$，t_{23}^* $= 0.055$，$r_{22t} = 0.791$，$r_{23t} = 0.889$，$R_{2t} = 0.988$。系统总体可靠性为 0.949，总体效用为 25.46684。系统总体可靠性由原来的 0.802 上升为现在的 0.949，有了较大的提高。

七、本章小结

本章将系统工程的可靠性理论应用于企业的内部控制监督投资的经济学分析中，利用可靠性理论可将内部控制监督投资分配到各个业务流程[115]。通过对各个业务流程的潜在风险、内部控制缺陷率的分析，可计算得到该流程的可靠性，然后利用最优化效用函数，得到是否应增加对该流程的内部控制监督的投资以及增加多少投资的决策。前文给出了缺陷率函数的具体形式，并分别分析了流程的串联和并联两种不同情形。分析结果表明，以并联方式连接的流程的效用大于以串联方式连接的流程，所以企业在整合业务流程时应尽量减少串联而多采用并联的连接方式，内部控制监督措施也是如此。以串联方式连接的流程在增加内部控制监督投资时，投资额的大小与该流程实际发生风险的可能性相关，实际发生风险的可能性越大，投资额与该流程内部控制强度的乘积就越大。而在并联系统中，流程投资额的大小与各流程的内部控制强度有关。

在实际应用时，该模型面临的主要问题是潜在风险和内部控制缺陷率的估计问题。但目前已有很多致力于风险评估方面的研究，这些研究可以帮助我们解决该模型在实际应用中遇到的难题。随着我国企业和监管部门对内部控制及其监督的重视程度不断增加，企业也会不断完善企业的内部控制和监督措施，并在不久的将来可以提供越来越充分和翔实的关于内部控制及外部审计的历史数据。这些举措都将有助于潜在风险和内部控制缺陷率的估计。当然，专业人员的职业判断在模型运用中也将起着不可忽视的作用。

第四章

考虑威慑效应和交互效应的内部控制
监督投资决策

内部控制的成本效益原则要求企业在决定是否设立某项控制及其控制程序时，应该将该项控制缺失或存在缺陷所可能发生的潜在风险、建立健全该项控制所形成的效益以及预计发生的相关成本进行综合考虑[15]。内部控制监督投资也应符合经济学中的边际效用递减原理，即随着投入的增加，企业实施内部控制监督所获得的效用是边际收益递减的。针对内部控制监督投资边际效用递减的实际情况，本章构建了一个关于企业内部控制监督投资的最优决策模型，帮助管理者解决在什么样的情况下对业务流程进行内部控制监督投资，以及投资多少时可以使企业获得最大收益的问题。

一、问题的提出

2013 年 5 月，COSO 发布了新版《内部控制——整合框架》，于 2014 年 12 月正式取代 1992 年版的《内部控制——整合框架》。复杂的组织结构和近些年由于内控失效而发生的一系列舞弊事件使得社会各界对公司治理和风险管理的关注度空前高涨。尽管内部控制对企业而言有很多好处，但是它的实施需要投入大量人力、物力和财力。欣顿（Hunton）等[111]指出"站在实践的立场上，广泛采用频繁的内部控制，不论是从行为学的角度还是从经济学的角度都缺乏支持依据"。陈关亭[15]指出从经济学的角度来说，并不是对内控的投入越多越好，要充分考虑企业的效用，若控制过多，不仅成本昂贵，而且会伤及生产力。

COSO 和我国的《企业内部控制基本规范》中都明确指出实施内部控制应遵循成本效益原则。

随着信息系统与内部控制的融合，一些文献从系统可靠性的角度评价内控。如王立勇[69]探讨了如何运用可靠性理论提高内控系统设计和评价的效果。阿诺德（Arnold）等[116]讨论了 SOX 法案 404 条款要求披露的缺陷对信息系统可靠性的影响。张蕾等[115]结合成本效益原则和可靠性理论提出了企业内控监督的最优投资分配模型。

还有一些研究考虑了建立内控的成本及效益问题。如 Palm-rose[117]、肖（Shaw）和 Terando[118]、科茨（Coates）和斯里尼瓦桑（Srinivasan）[119]考虑了遵循 SOX 法案的成本问题。在信息化环境下，Krishnan 和 Wang[120]考虑了软件开发成本及其资本化的问题。Choi 等[121]探讨了内控中人力资源投资的效果问题。我国学者如林钟高、徐虹[122]认为内控评价应以"效率"为核心概念。林钟高等[123]指出内控治理效率的衡量标准是内控治理收益与内控治理成本对比。吴秋生、杨瑞平[59]从成本与效率权衡的角度提出内控评价整合的必要性。李连华、唐国平[124]探讨了"内控有效性"和"内控效率"的区别。赵息、苏秀花[125]探讨了内控的经济合理性。李连华等[126]指出企业根据行业特点有重点地实施风险控制要比全面均衡的风险控制效果更好，内控效率更高。

除了前文提到过的内部控制的定量分析，国外也有一些关于审计资源如何合理利用的研究。史密斯（Smith）等[127]发现，若审计人员在内部控制评价上花费一些人力和物力，则可以节省部分审计成本。Patterson 和 Noel[128]对审计人员如何评价欺诈风险进行了检验，并针对被审计者可能出现的欺诈行为的可能性构建了审计规划模型。帕特森（Patterson）和 Smith[129]检验了 SOX 法案对审计强度和内部控制强度的影响，并建立了策略审计模型，旨在协助审计人员判断如何在内部控制测试与实质性测试之间分配资源。

综上所述，国外的研究除了内部控制评价外，还考虑了审计资源的运用问题，但都忽视了成本效益原则对内部控制的影响。同时，这些研究均没有涉及企业的有限资源在内部控制中的分配、利用问题。

二、制度背景与理论分析

首先引入犯罪学中的威慑理论。古典犯罪学派代表人物贝卡里亚认为，"对于犯罪最强有力的约束力量不是刑罚的严酷性，而是刑罚的必定性"，"即使刑罚温和，刑罚的确定性，也往往会比对另一更加恐怖但是仍夹杂着不受惩罚的希望的刑罚的恐惧，带给人更强烈的印象；即便是最少的不幸，只要是确定会来的，也往往会震慑人们的精神"。贝克尔认为，无论提高惩罚概率还是严厉程度，都能够减少（威慑）犯罪。从上述论断可以看出，刑罚的必定性（惩罚概率）是威慑效应的重要影响因素[130]。就内部控制而言，相似的机制同样存在。实质上，内部控制是委托人应对代理人机会主义行为的一种机制。如果内部控制监督持续存在并且发挥作用，即代理人预期接受内部控制监督的概率高，代理人的机会主义行为受到处罚的概率或必定性就提高，那么内部控制对机会主义行为的威慑效应将会显著增强。在此威慑作用下，代理人会相应地约束其机会主义行为。由此我们认为，内部控制监督可以起到威慑效应，并可以增加内部控制的实施效果。

本章从成本效益原则出发，主要分析如何利用有限资源对企业业务流程的内部控制监督进行投资，使企业获得最大的净收益。本章利用可靠性理论构建了流程可靠性函数以及缺陷率函数，用它们来度量企业内部控制监督投资的净收益。此外，在对内部控制监督投资决策模型进行分析的基础上，本章还首次提出了威慑效应和交互效应的概念，并详细分析了内部控制监督投资带来的威慑效应以及流程之间的交互效应对企业的内部控制监督最优投资决策的影响。

三、针对单一流程的投资决策模型

在信息系统环境下，我们考虑一个由 n 个业务流程组成的内部控制系统，业务流程用 i 表示，$i = 1$，2，$\cdots$，n。内部控制监督最优投资决策模型主要帮助企业管理者做出是否对流程 i 进行内部控制监督的投资以及投资多少的决策。

（一）流程可靠性

流程 i 的可靠性是指该流程正确无误执行的概率，即实现企业控制目标的程度，用 r_i 来表示。本书定义的流程可靠性是由流程的潜在风险和内部控制缺陷率共同描述的。流程的潜在风险是指假设不存在相关的内部控制，该流程发生风险（包括有意和无意的错误）的可能性，用 E_i 表示（$E_i \in [0,1]$）。内部控制缺陷率是指该流程的某项风险发生，而该风险没有被企业的内部控制及时防止、发现和纠正的可能性，用 ω_i 表示（$\omega_i \in [0,1]$）。因此，潜在风险实际发生的概率表示为 $E_i\omega_i$。

流程的可靠性用 $r_i = 1 - E_i\omega_i$ 来度量，$r_i \in [0,1]$。当 $\omega_i = 0$ 时，说明内部控制系统不存在缺陷，即内部控制完全起作用，风险实际发生的概率为零，业务流程完全可靠。如果 $\omega_i = 1$，说明内部控制完全无效，流程的可靠性由潜在风险发生的概率决定，潜在风险的发生概率越高，流程可靠性越低。本章假设流程的潜在风险是客观存在的，即使内部控制非常完善的企业，这些潜在风险也是不可避免（$E_i > 0$），企业能改变的是内部控制缺陷程度。企业可以通过对内部控制监督进行投资，增添内部控制监督措施和技术来降低内部控制缺陷率，从而有效地控制潜在风险的发生①。所以内部控制及监督措施完善的企业之所以发生错误的可能性小，是因为内部控制缺陷率低。

---

① Varian[131] 指出："试图揭示事物本质而假设的模型应尽量减少其复杂性。"因此，本书在分析缺陷率的影响因素时只考虑了成本对其产生的影响，而忽略了其他一些因素及随机干扰的影响。

（二）缺陷率函数

对流程 i 的内部控制监督投资（可能是资金投入，也可能是人力或技术等投入）用 t_i 表示，本书假设内部控制监督的投资可以降低流程的内部控制缺陷率，从而增加流程的可靠性。总的投资支出（指资金）用 f_i 表示，要求 $\partial f_i / \partial t_i > 0$。假设一个最简单的模型 $f_i = c_i t_i$，其中 c_i 代表单位投资成本①。

若企业管理者决定对流程 i 的内部控制监督进行投资，那么投资后的新的缺陷率用 $\omega_{it}(t_i, \omega_i)$ 表示，其中 t_i 代表增加的针对流程 i 的内部控制监督投资，ω_i 为投资前的流程 i 的内部控制缺陷率，我们称 $\omega_{it}(t_i, \omega_i)$ 为缺陷率函数，要求 $\partial \omega_{it} / \partial t_i < 0$，$\partial^2 \omega_{it} / \partial t_i^2 > 0$。为了便于分析，本章给定一个缺陷率函数的具体形式

$$\omega_{it} = \frac{\omega_i}{\alpha_i t_i + 1} \qquad (4-1)$$

上式中参数 $\alpha_i > 0$ 代表的是流程 i 的内部控制强度②。$\alpha_i t_i + 1$ 用来度量内部控制监督投资的效果。那么，投资后的流程可靠性为 $r_{it} = 1 - E_i \omega_{it}$。

（三）投资决策模型

企业投资于内部控制监督的预期收益用 $EBIM_i$ 来表示，由于企业增加了内部控制监督的投资 t_i 使得流程的可靠性增加，预期收益

①　c_i 也可以解释为投资的无效性，值越大，说明无效性越大。

②　需要注意的是，a_i 的大小是由企业之前的内部控制的实施及执行情况决定的，和 t_i 无关。

也增加，即

$$EBIM_i(t_i) = (r_{iu} - r_i)v_i = [\omega_i - \omega_{iu}(t_i, \omega_i)]E_i v_i \quad (4-2)$$

其中，参数v_i代表流程i的价值，用没有实施内部控制监督可能造成的损失来计量，这些损失包括报告重大内部控制缺陷的成本以及保证成本，同时也包括公司利用现有的资源进行内部控制的制度设计而降低的代理成本[132]。传统的收益评价方法，如投资回报率（ROI），不能直接反映内部控制监督投资的收益，而本章希望通过计算直接收益来度量增加内部控制监督投资对流程可靠性提高的贡献程度。所以利用可靠性理论构建了预期收益函数$EBIM_i$，它是关于t_i的函数。

为了比较投资的预期收益和成本，本章假设企业是风险中立的。用$ENBIM_i$代表内部控制监督投资的预期净收益，它等于预期收益减去总的投资支出，即

$$ENBIM_i(t_i) = EBIM_i - f_i = \frac{\alpha_i \omega_i E_i v_i t_i}{\alpha_i t_i + 1} - c_i t_i \quad (4-3)$$

为了分析方便，令$L_i = E_i v_i$，L_i可以解释为流程i的潜在损失。通过$\partial \omega_{iu}/\partial t_i < 0$和$\partial^2 \omega_{iu}/\partial t_i^2 > 0$，可以知道$\omega_{iu}(t_i, \omega_i)$是$t_i$的严格凸函数，那么$ENBIM_i(t_i)$是$t_i$的严格凹函数（$\partial^2 ENBIM_i/\partial t_i^2 < 0$）。因此，可以使企业获得最大净收益的对流程$i$增加的内部控制监督投资为

$$\frac{\partial ENBIM_i}{\partial t_i} = 0 \Rightarrow t_i^* = \frac{\sqrt{c_i \alpha_i \omega_i L_i} - c_i}{c_i \alpha_i}$$

$$ENBIM_{i\max} = \omega_i L_i + \frac{c_i - 2\sqrt{\alpha_i \omega_i L_i c_i}}{\alpha_i} \quad (4-4)$$

要求$t_i^* > 0$，可以得到

$$\omega_i L_i > c_i / \alpha_i \qquad (4-5)$$

$\omega_i L_i$ 是流程 i 的内部控制缺陷率与潜在损失的乘积，代表流程 i 的预期损失。比值 c_i / α_i 是流程 i 的投资无效性除以该流程的内部控制强度，代表内部控制强度的平均无效性水平。由（4-4）式的第一式，即一阶导数等于零可以得到

$$\frac{\alpha_i \omega_i L_i}{\alpha_i t_i + 1} - c_i = \alpha_i f_i \qquad (4-6)$$

（4-6）式左边的部分等于 $ENBIM_i$ 除以 t_i，可以解释为内部控制监督投资的边际收益；右边的部分等于内部控制强度 α_i 与总的投资支出的乘积，可以解释为内部控制监督投资的边际成本。也就是当边际收益等于边际成本时，企业对流程 i 的内部控制监督投资获得最大预期净收益。

另一个必要条件是 $ENBIM_i > 0$，即

$$0 < t_i < (\alpha_i \omega_i L_i - c_i) / c_i \alpha_i \qquad (4-7)$$

内部控制监督的最优投资与最大净收益的关系如图 4-1 所示，净收益从零开始，随着 t_i 的增大逐渐增大，当 $t_i^* = (\sqrt{c_i \alpha_i \omega_i L_i} - c_i) / c_i \alpha_i$ 时，企业获得最大的净收益，之后随着 t_i 的增大，净收益逐渐减小，当 $t_{imax} = (\alpha_i \omega_i L_i - c_i) / c_i \alpha_i$ 时，净收益又减小到零。

命题 4-1 当预期损失超过内部控制强度的平均无效水平时，企业会增加流程 i 的内部控制监督的投资，即 $\omega_i L_i > c_i / \alpha_i$。当流程 i 的单位投资净收益等于内部控制强度与总投资支出的乘积时，企业可以获得最大净收益，即 $\alpha_i \omega_i L_i / (\alpha_i t_i + 1) - c_i = \alpha_i f_i$。当 $0 < t_i < (\alpha_i \omega_i L_i - c_i) / c_i \alpha_i$ 时，企业对流程 i 增加内部控制监督投资获得的净收益大于零。

通过比较内部控制监督投资的预期损失与内部控制强度的平均

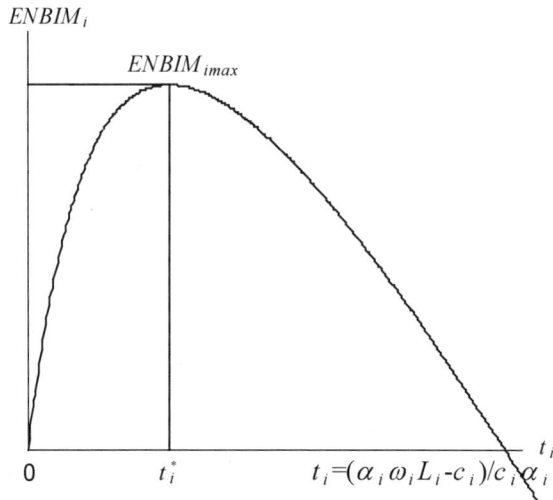

图 4-1　净收益与内部控制监督投资的关系

无效水平，企业可以判断是否对流程 i 增加投资，由（4-4）式可以知道要投资多少以及获得的最大净收益为多少。换句话说，当流程的价值足够大，企业值得增加投资来保证它的正确执行，且当投资无效性较小或内部控制强度较大时，企业选择投资。

对（4-4）式的第一式 $t_i = (\sqrt{c_i \alpha_i \omega_i L_i} - c_i)/c_i \alpha_i$ 求一阶偏导和二阶偏导，可以得到：$\dfrac{\partial t_i}{\partial (\omega_i L_i)} = \dfrac{1}{2\sqrt{\alpha_i c_i \omega_i L_i}} > 0$，$\dfrac{\partial^2 t_i}{\partial (\omega_i L_i)^2} =$

$- \dfrac{1}{4\omega_i L_i \sqrt{\alpha_i c_i \omega_i L_i}} < 0$，$\dfrac{\partial t_i}{\partial (c_i/\alpha_i)} = \dfrac{\sqrt{\omega_i L_i}}{2c_i \sqrt{c_i/\alpha_i}} - \dfrac{1}{c_i}$，$\dfrac{\partial^2 t_i}{\partial (c_i/\alpha_i)^2} =$

$- \dfrac{\sqrt{\omega_i L_i}}{4c_i (c_i/\alpha_i)^{3/2}} < 0$。

当 $\dfrac{\partial t_i}{\partial (c_i/\alpha_i)} = \dfrac{\sqrt{\omega_i L_i}}{2c_i \sqrt{c_i/\alpha_i}} - \dfrac{1}{c_i} = 0$ 时，t_i 取最大值，即 $\omega_i L_i =$

$4c_i/\alpha_i$ 时，$t_i = 1/\alpha_i$。

命题 4 – 2 企业在流程 i 上增加的内部控制监督投资随着预期损失 $\omega_i L_i$ 的增加而增加，但投资增加的速度是递减的，企业在流程 i 上增加的内部控制监督投资与内部控制强度的平均无效水平 c_i/α_i 呈倒 U 型关系。当流程 i 的预期损失是内部控制强度的平均无效水平的 4 倍，即 $\omega_i L_i = 4c_i/\alpha_i$ 时，企业对流程 i 增加的内部控制监督的投资达到最大，即 $t_i = 1/\alpha_i$，它带来的净收益为 $ENBIM_i = \omega_i L_i/2 - c_i/\alpha_i$。

随着流程 i 的价值的增加，它的可靠性就显得越发重要，对它的内部控制监督的投资也就随之增加。但是对内部控制监督投资的边际收益递减，当流程 i 的预期损失是内部控制强度的平均无效水平的 4 倍时，达到投资的最大额度。

四、考虑威慑效应的投资决策模型

借鉴法律的相关知识，本章首次提出威慑效应的概念。本章所说的威慑效应是指企业增加的内部控制监督的投资可以消除或纠正一部分内部控制缺陷，增加内部控制的强度，从而产生威慑效应，使得舞弊者打消舞弊的念头，也可以使粗心的职工细心起来[133,134]。假设企业增加的内部控制监督的投资使得内部控制强度增加，发现错误的可能性增大，这会在一定程度上降低舞弊者实施舞弊的能力或信心。Masli 等[110]已经证明内部控制监督与较强的内部控制强度（或较低的发生内部控制缺陷的可能性）之间存在正向的关系。因此，本章假设内部控制监督投资带来的威慑效应表现为内部控制强度的增强，用 β_i 来表示。

用下面的考虑了威慑效应的缺陷率函数替换（4-1）式

$$\omega_{it} = \frac{\omega_i}{(\alpha_i + \beta_i) t_i + 1} \qquad (4-8)$$

其中的威慑效应参数 $\beta_i > 0$，用来度量由于增加内部控制监督投资而使流程 i 的内部控制强度增加的大小。威慑效应可以使内部控制监督投资的效果增强，随着 β_i 增大，ϖ_{it} 逐渐减小，当 β_i 足够大时，ω_{it} 减小到零。

将（4-8）式代入（4-3）式，得

$$ENBIM_i(t_i) = \frac{(\alpha_i + \beta_i) t_i}{(\alpha_i + \beta_i) t_i + 1} \omega_i L_i - c_i t_i \qquad (4-9)$$

求 t_i 的一阶导数，得到

$$t_i = \frac{\sqrt{c_i (\beta_i + \alpha_i) \omega_i L_i}}{c_i (\beta_i + \alpha_i)} - \frac{1}{\beta_i + \alpha_i} \qquad (4-10)$$

当 $\beta_i = 0$ 时，（4-10）式与（4-4）式相同。令（4-10）式中的 $t_i = 0$，可以得到

$$\beta_{i\min} = \frac{c_i - \alpha_i L_i \omega_i}{L_i \omega_i} \qquad (4-11)$$

也就是当 $\beta_i < \beta_{i\min}$ 且 $c_i > \alpha_i L_i \omega_i$ 时，企业会选择不投资，即 $t_i = 0$。若流程 i 的投资无效性太大，而威慑效应又太小时，企业的投资净收益会小于零，所以不投资。

（4-10）式中，t_i 对 β_i 求的一阶偏导数导数，得到

$$\frac{\partial t_i}{\partial \beta_i} = \frac{2c_i - \sqrt{(\beta_i + \alpha_i) c_i \varpi_i L_i}}{2c_i (\beta_i + \alpha_i)^2} = 0 \Rightarrow \beta_i = \frac{4c_i}{\varpi_i L_i} - \alpha_i$$

$$(4-12)$$

当 $4c_i/\varpi_iL_i - \alpha_i = 0$ 时，$c_i = \alpha_i\varpi_iL_i/4$。

命题 4-3 当 $0 < c_i < \alpha_i\omega_iL_i/4$ 时，企业对流程 i 的内部控制监督投资 t_i 随着 β_i 的增大而减小。当 $\alpha_i\omega_iL_i \geqslant c_i > \alpha_i\omega_iL_i/4$ 且 $0 < \beta_i < 4c_i/L_i\omega_i - \alpha_i$ 时，企业对流程 i 的内部控制监督投资 t_i 随着 β_i 的增大而增大，否则 t_i 随着 β_i 的增大而减小。当 $c_i > \alpha_iL_i\omega_i$ 且 $0 < \beta_i < c_i/L_i\omega_i - \alpha_i$ 时，企业对流程 i 的内部控制监督投资 t_i 为零。

首先，当流程 i 的投资无效性 c_i 较小时，企业不需要投入较多也可以从威慑效应中获得较多收益，所以，t_i 随着 β_i 的增大而减小。其次，当 c_i 处于中等水平时，若 $\beta_i = 0$，企业需要较多的投资才能弥补 c_i 的增加；然而，随着 β_i 增大，但小于 $4c_i/L_i\omega_i - \alpha_i$，这会对公司的投资产生激励作用，$t_i$ 随着 β_i 的增大而增大，这是因为投资净收益会随着内部控制强度的增加而迅速增加；若 β_i 达到一个较大的水平，即大于 $4c_i/L_i\omega_i - \alpha_i$，流程 i 的内部控制强度达到一个较高的水平，企业较少的投资就可以实现较大的投资净收益，所以 t_i 随着 β_i 的增大而减小。再次，当 c_i 达到较高水平时，若 β_i 很小，则企业拒绝投资。

图 4-2 中的四条线分别对应命题 4-3 中的三种情况，其中 $L_i = 7$，$\omega_i = 0.67$，$\alpha_i = 1.2$。第一条线代表的是 $c_i = 1.4$，小于 $\alpha_i\omega_iL_i/4 = 1.407$，此时 t_i 随着 β_i 的增大而减小，满足命题 4-3 的第一种情况。第二条线代表的情况是 $c_i = 2.5$，大于 $\alpha_i\omega_iL_i/4 = 1.407$，但小于 $\alpha_i\omega_iL_i = 5.628$，所以当 $0 < \beta_i < 0.93$（$4c_i/L_i\omega_i - \alpha_i = 0.93$）时，$t_i$ 随着 β_i 的增大而增大；当 $\beta_i > 0.93$ 时，t_i 随着 β_i 的增大而减小，满足命题 4-3 的第二种情况。第三条线代表的情况是 $c_i = 5.628$，等于 $\alpha_i\omega_iL_i = 5.628$，是第二种情况的一个特例，即无威慑

效应时不投资。第四条线代表的情况是 $c_i = 10$，大于 $\alpha_i \omega_i L_i =$ 5.628，当 $\beta_i < 0.93$（$c_i/L_i\omega_i - \alpha_i = 0.93$）时企业不投资。

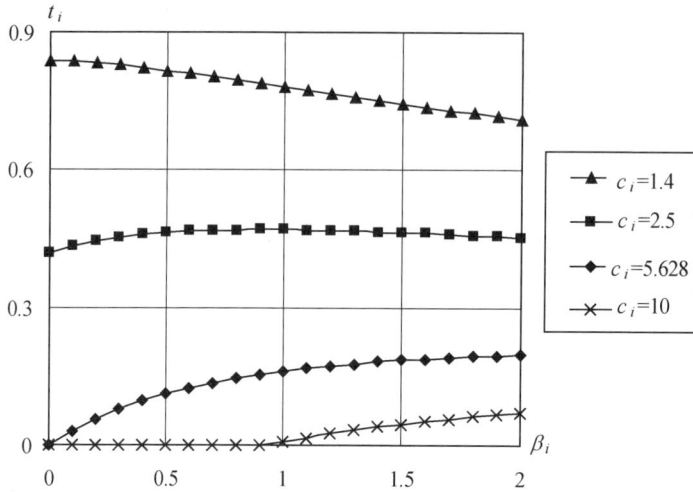

图 4-2　投资无效性对威慑效应系数和内部控制监督投资关系的影响

具体的计算结果见表 4-1：

表 4-1　不同的 β_i 对应不同的 t_i 和 $ENBIM_i$ 的计算表

	$b_i = 0$		$b_i = 1.5$		b_{imin}
	t_i	$ENBIM_i$	t_i	$ENBIM_i$	
$c_i = 1.4$	0.837	1.178	0.744	2.090	
$c_i = 2.5$	0.417	0.522	0.463	1.448	
$c_i = 5.628$	0	0	0.185	0.521	0
$c_i = 10$	0	0	0.046	0.058	0.932

五、考虑交互效应的投资决策模型

流程之间是相互联系的，所以不管是前一流程的内部控制缺陷还是后一流程的内部控制缺陷都会对对方产生影响，当然也会影响与之相连的其他流程。基于这一点，本章提出了交互效应，它是指两个流程在某种程度上交织在一起，相互影响，所以对任何一个流程的内部控制监督投资都会同时使两个流程受益，同样，任何一个流程的内部控制缺陷也会影响其他流程①。

根据交互效应的定义，假设流程 i 的内部控制缺陷率不仅随着 t_i 的增加而减小，还随着 t_j 的增加而减小，即 $\partial \omega_{it}/\partial\ t_i < 0, \partial\ \omega_{it}/\partial\ t_j < 0$。用下面的考虑了交互效应的缺陷率函数替换（4-1）式

$$\omega_{if} = \frac{\omega_i + \lambda\omega_j}{1 + \lambda}, \omega_{it} = \frac{\omega_i + \lambda\omega_j}{\alpha_i t_i + 1 + \lambda(\alpha_j t_j + 1)}$$

$$\omega_{jf} = \frac{\omega_j + \lambda\omega_i}{1 + \lambda}, \omega_{jt} = \frac{\omega_j + \lambda\omega_i}{\alpha_j t_j + 1 + \lambda(\alpha_i t_i + 1)} \quad (4-13)$$

其中 λ（$0 \leqslant \lambda \leqslant 1$）就是交互效应参数。因为交互效应是客观存在的，不论是否对其进行内部控制监督投资，都会有交互效应，所以之后的分析中引入了一个新的脚标 f，用它来代表"投资前"。即投资前考虑了交互效应的流程 i 的内部控制缺陷率为 ω_{if}，流程 j 的为 ω_{jf}；投资前考虑了交互效应的流程 i 的可靠性为 $r_{if} = 1 - \omega_{if}E_i$，流程 j 的为 $r_{jf} = 1 - \omega_{jf}E_j$。

---

① 为了方便分析，这里假设仅有两个流程相连，不考虑更多流程相连的情况。

用新的缺陷率函数替换（4-3）式中的净收益

$$ENBIM_i = EBIM_{it} - EBIM_{if} = r_{it}v_i - f_i - r_{if}v_i$$

$$= \left[\frac{\omega_i + \lambda\omega_j}{1 + \lambda} - \frac{\omega_i + \lambda\omega_j}{\alpha_i t_i + 1 + \lambda(\alpha_j t_j + 1)} \right] L_i - c_i t_i,$$

$$ENBIM_j = EBIM_{jt} - EBIM_{jf} = r_{jt}v_j - f_j - r_{jf}v_j$$

$$= \left[\frac{\omega_j + \lambda\omega_i}{1 + \lambda} - \frac{\omega_j + \lambda\omega_i}{\alpha_j t_j + 1 + \lambda(\alpha_i t_i + 1)} \right] L_j - c_j t_j$$

$$(4-14)$$

当两个流程之间完全不依赖时，$\lambda = 0$，（4-13）和（4-14）式与（4-1）和（4-3）式相同。随着 λ 的增大，流程 i 对流程 j 的依赖性逐渐增强。

一阶条件 $\partial ENBIM_i/\partial t_i = 0$ 和 $\partial ENBIM_j/\partial t_j = 0$，得到

$$t_i = \sqrt{\frac{L_i(\omega_i + \lambda\omega_j)}{c_i\alpha_i}} - \frac{1 + \lambda}{\alpha_i} - \frac{\alpha_j t_j}{\alpha_i}\lambda, \qquad (4-15)$$

$$t_j = \sqrt{\frac{L_j(\omega_j + \lambda\omega_i)}{c_j\alpha_j}} - \frac{1 + \lambda}{\alpha_j} - \frac{\alpha_i t_i}{\alpha_j}\lambda \qquad (4-16)$$

将（4-16）式代入（4-15）式，得到

$$t_i = \frac{c_j\sqrt{c_i\alpha_i L_i(\omega_i + \lambda\omega_j)} - c_i\lambda\sqrt{c_j\alpha_j L_j(\omega_j + \lambda\omega_i)}}{c_i c_j \alpha_i(1 - \lambda^2)} - \frac{1}{\alpha_i},$$

$$t_j = \frac{c_i\sqrt{c_j\alpha_j L_j(\omega_j + \lambda\omega_i)} - c_j b\sqrt{c_i\alpha_i L_i(\omega_i + \lambda\omega_j)}}{c_i c_j \alpha_j(1 - \lambda^2)} - \frac{1}{\alpha_j}$$

$$(4-17)$$

把（4-17）式代入（4-14）式，可以得到净收益 $ENBIM_i$ 和 $ENBIM_j$ 的表达式。为了简化问题，我们考虑一种对称的情况，即 $c_i = c_j = c$，$\alpha_i = \alpha_j = \alpha$，$L_i = L_j = L$，$\omega_i = \omega_j = \omega$，则

$$t_i = \sqrt{\frac{L\omega}{c\alpha(1+\lambda)}} - \frac{1}{\alpha}, \qquad (4-18)$$

$$ENBIM_i = \omega L - (2+\lambda)\sqrt{c\omega L/\alpha(1+\lambda)} + c/\alpha \qquad (4-19)$$

令（4-17）式中的 $t_i > 0$，可以得到

$$\frac{\omega L}{1+\lambda} > \frac{c}{\alpha} \qquad (4-20)$$

（4-18）式中 t_i 对 λ 求一阶偏导和二阶偏导，得到

$$\frac{\partial t_i}{\partial \lambda} = -\frac{1}{2(1+\lambda)}\sqrt{\frac{L\omega}{c\alpha(1+\lambda)}} < 0,$$

$$\frac{\partial^2 t_i}{\partial \lambda^2} = \frac{3}{4(1+\lambda)^2}\sqrt{\frac{L\omega}{c\alpha(1+\lambda)}} > 0 \qquad (4-21)$$

（4-19）式中 $ENBIM_i$ 对 λ 求一阶偏导和二阶偏导，得到

$$\frac{\partial ENBIM_i}{\partial \lambda} = -\frac{\lambda}{2(1+\lambda)}\sqrt{\frac{cL\omega}{\alpha(1+\lambda)}} < 0,$$

$$\frac{\partial^2 ENBIM_i}{\partial \lambda^2} = \frac{\lambda-2}{4(1+\lambda)^2}\sqrt{\frac{cL\omega}{\alpha(1+\lambda)}} \qquad (4-22)$$

命题 4-4 当预期损失除以1加交互系数超过内部控制强度的平均无效性水平，即 $\omega L/(1+\lambda) > c/\alpha$ 时，企业会选择增加流程 i 的内部控制监督投资，否则不投资。企业对流程 i 增加的内部控制监督投资 t_i 会随着 λ 的增大而减小，但是其二阶导数为正，是一个凸函数，即 $\partial t_i/\partial \lambda < 0$ 且 $\partial^2 t_i/\partial \lambda^2 > 0$。流程 i 的投资净收益 $ENBIM_i$ 也随着 λ 的增大而减小（$\partial ENBIM_i/\partial \lambda < 0$），但是当 $0 < \lambda < 2$ 时，其二阶导数为负（$\partial^2 ENBIM_i/\partial \lambda^2 < 0$），是一个凹函数；当 $\lambda > 2$ 时，其二阶导数为正（$\partial^2 ENBIM_i/\partial \lambda^2 > 0$），是一个凸函数。

如图 4 - 3 所示，其中 $L = 7$，$\omega = 0.6$，$\alpha = 2$，$c = 1$。对流程 i 增加的内部控制监督投资 t_i 和流程 i 的投资净收益 $ENBIM_i$ 均随着 λ 的增大而减小，但是凹凸性不同。t_i 始终是凸向原点的，而 $ENBIM_i$ 是先凹向原点，当 $\lambda > 2$ 时变为凸向原点。当 $\lambda = \alpha\omega L/c - 1 = 7.4$ 时，企业不投资。

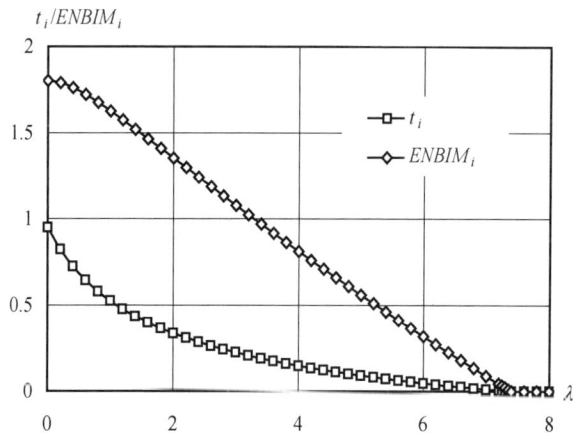

图 4 - 3　交互系数对内部控制监督投资及净收益的影响

$1 + \lambda > 1$，并且随着 λ 的增大而增大，那么 $\omega L/(1 + \lambda)$ 会减小，预期损失足够大时企业才会投资。此外，若 $\omega L/(1 + \lambda) = c/\alpha$ 条件得到满足，当交互系数较大时，企业只需投入较少的 t_i，这样也只会获得较低的净收益。这意味着企业可以选择最关键的流程进行投资，从而使与之相邻的流程也受益。对流程 i 的内部控制监督投资同样会降低相邻流程的缺陷率。

六、实例分析

市场经济极度发达的今天，产品极大丰富，而商品提供者之间的竞争也十分激烈。为了抢占市场，供应商纷纷通过降价的方式在残酷的竞争中求得生存。降价的背后则是产品质量的不确定，到底是质优价廉还是质次价高呢。这同时也带来了社会诚信的大问题，社会诚信一时间降到低谷。在这样的背景下，企业的采购环节就成为决定其在竞争中成功还是失败的关键。如果采购者从企业的利益出发，那么他们会选择质优价廉的产品，如果从自身利益出发，就会选择质次价高的产品。所以，我们以采购业务较多的制造业的付款采购环节中的付款审批业务为例，来说明上述模型在制造类企业当中的应用。

我们首先对这类企业的付款审批业务的主要业务流程和关键控制点进行简单的描述（图4-4）。流程1中采购人员要定期汇总采购合同及采购订单，然后再对采购合同约定的付款条件以及采购发票、结算凭证、检验报告、计量报告和验收证明等相关凭证的真实性、完整性、合法性及合规性进行严格审核，并核对合同执行情况，汇总应付款项。除了正常的采购订单和合同外，有时公司也会发生一些无采购订单的特殊付款事项，这时就需要公司主管部门对这些无采购订单、收货单、原始发票或无相关凭证的付款申请的合理性进行审核。流程1中可能存在的风险为采购合同汇总时发生遗漏，这点可通过对采购合同进行编号来防止，但对那些无采购订单的付款事项就需特别注意。采购发票审核错误（如对对应关系不恰当的发票、采购订单和收货记录没能及时发现等审核错误）、应付账款金额错误、付款信息和付款条件审核错误（付款信息错误主要指收款人信息不正确，可能导致错误付款的发生；付款条件错误主要指对供应商提供的付款条件理解有误，企业错过最佳付款时间或采用错误的付款方式，最终造成损失）等。这些风险可通过设专人对发票等进行再复核，同时及时调查、解决这类不符事项，特别是对长期未达收货确认单、采购订单或发票进行调查。对付款信息和付款条件审核错误可以通过为供应商建立独立的数据库，将供应商的全部信息录入数据库内，然后由应付账款批准人、最终的付款审批人之外的第三人来管理该数据库，并定期与供应商对账，确保在恰当的时间取得供应商提供的现金折扣。所以这个流程我们给定的模拟参数值为：$v_1 = 15$，$E_1 = 0.5$，$\omega_1 = 0.4$，$\alpha_1 = 1.5$，$c_1 = 1$。

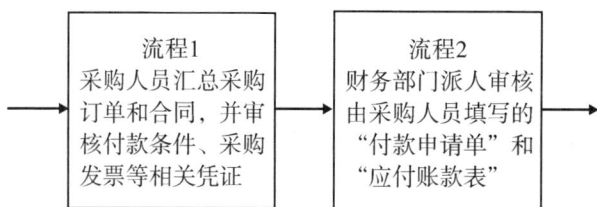

图4-4 业务流程图

流程2中由采购人员填写"付款申请单"和"应付款项表"，提交采购部经理审核，确保数字准确无误；再由财务部出纳依据采购合同相关协议、发票等对"付款申请单"进行复核后，提交采购总监和总经理根据权限进行审批，办理付款。在这个模块中要做到对所有因采购货物而收到的发票进行及时和正确的处理。在批准付款前，要再次审核支持文件。这里需要注意的关键控制点是审批付款的人员不应负责实际付款操作。流程 2 中可能存在的风险为付款申请单据不充分、不完整，"付款申请单"和"应付账款表"填写错误以及审核权限模糊，岗位分离不清晰，导致企业资产损失、资源浪费或发生舞弊行为。所以这个流程我们给定的模拟参数值为：$v_2 = 20$，$E_2 = 0.6$，$\omega_2 = 0.3$，$\alpha_2 = 2$，$c_2 = 1.2$。

　　首先，计算不考虑威慑效应和交互效应的情况。根据（4-5）式 $\varpi_i L_i > c_i / \alpha_i$ 可初步判断应对该流程进行内部控制监督投资，再根据（4-4）式可以计算出流程 1 的最优投资额 $t_1^* = 0.75$，$ENBIM_{1max} = 0.84$。投资后该流程的内部控制缺陷率 $\omega_{1t} = 0.19$，流程的可靠性也由原来的 $r_1 = 0.8$ 上升为 $r_{1t} = 0.91$。同理，可知流程 2 的最优投资额 $t_2^* = 0.72$，$ENBIM_{2max} = 1.26$。投资后该流程的内部控制缺陷率 $\omega_{2t} = 0.12$，流程的可靠性也由原来的 $r_2 = 0.82$ 上升为 $r_{2t} = 0.93$。

　　其次，计算考虑威慑效应的情况，设 $\beta = 1.5$。根据（4-11）式可计算出 $\beta_{imin} = -1.17$，说明只要此时的 β 大于零，就可以对流程 1 进行内部控制监督投资，再根据（4-10）式可以计算出流程 1 的最优投资额 $t_1^* = 0.67$，$ENBIM_{1max} = 1.33$。投资后该流程的内部控制缺陷率 $\varpi_{1t} = 0.13$，流程的可靠性也由原来的 $r_1 = 0.8$ 上升为 $r_{1t} = 0.93$。同理，可知流程 2 的最优投资额 $t_2^* = 0.67$，$ENBIM_{2max} = 1.72$。投资后该流程的内部控制缺陷率 $\varpi_{2t} = 0.1$，流程的可靠性也由原来的 $r_2 = 0.82$ 上升为 $r_{2t} = 0.94$。通过和不考虑威慑效应的情况相比，可以发现有了威慑效应后投资额更小，而获得的净收益更大。

最后，计算考虑交互效应的情况，设 $\lambda = 0.3$。根据（4 – 17）式可以计算出流程 1 的最优投资额 $t_1^* = 0.42$，$ENBIM_{1\max} = 0.85$。投资后该流程的内部控制缺陷率 $\omega_{1t} = 0.21$，流程的可靠性为 $r_{1t} = 0.90$。同理，可知流程 2 的最优投资额 $t_2^* = 0.71$，$ENBIM_{2\max} = 1.29$。投资后该流程的内部控制缺陷率 $\omega_{2t} = 0.14$，流程的可靠性为 $r_{2t} = 0.91$。通过和不考虑交互效应的情况相比，可以发现有了交互效应后投资额更小，同时获得的净收益也更小。

七、本章小结

本章为企业的内部控制监督投资构建了一个数学优化模型，该模型用于帮助企业做出是否对某一流程增加内部控制监督投资以及投资多少的决策[135]。基于第一部分中构建的模型，只有当某一流程的预期损失超过内部控制强度的平均无效水平时，企业才会对其增加投资，否则不投资。企业对该流程增加的投资会随着预期损失的增加而增加，并且它与内部控制强度的平均无效水平呈倒 U 型关系。当流程的预期损失是内部控制强度的平均无效水平的 4 倍时，企业投入的投资额达到最大值。第二部分中提到的威慑效应是由于增加内部控制监督投资而产生的效果，体现为流程的内部控制强度的增加，用威慑效应系数来表示。企业增加的内部控制监督的投资可以消除或纠正一部分内部控制缺陷，增加内部控制强度，发现错误的可能性增大，从而产生威慑效应，在一定程度上降低舞弊者实施舞弊的能力或信心。当投资无效性较低时，企业对某一流程的内部控制监督投资会随着威慑效应系数的增大而减小。当投资无效性适中时，内部控制监督投资与威慑效应系数呈倒 U 型关系。当投资无效性超过某一较高水平时，企业拒绝投资。第三部分中，考虑了流程之间存在相互关联的情况，也就是一个流程的内部控制缺陷会影响与之相连的其他流程，同样，对一个流程的内部控制监督投资也会对其他流程造成影响。当预期损失与 1 加交互系数的比值大于内部控制强度的平均无效水平时，企业会增加对这一流程的内部控制监督投资；否则，企业不投资。企业对某一流程的内部控制监督投资随着交互系数的增大而减小。

第五章

内部控制监督投资对权益资本成本的影响

　　前面两章从成本效益原则出发，讨论了内部控制监督的最优投资及其分配问题，本章主要讨论内部控制监督投资是否会给企业带来潜在的收益。Ashbaugh – Skaife 等[10]利用实证研究的方法证实了有效的内部控制会使企业的权益成本降低。他们认为无效的内部控制会造成财务报表的低可靠性，从而增加投资者面临的信息风险，最终导致较高的权益成本。原美国证券交易委员会（SEC）主席亚瑟雷维特（Arthur Levitt）曾指出："高质量的会计标准……可以降低资本成本。"[136]由此我们可以假设，内部控制监督投资可以提高业务流程的可靠性，使得信息更加准确，会计报表更加可靠，从而也可以降低资本成本。本章将对此做出假设来进行验证。因为前文已经论述过了，内部控制监督投资带来的直接好处就是业务流程可靠性的提高，所以本章后面的讨论主要以流程可靠性提高对资本成本的影响为主线。

一、问题的提出

随着现代企业组织结构和所处环境的日益复杂，内部控制作为企业重要的内部治理机制所起的作用越来越突出。Ashbaugh – Skaife 等[37]利用实证研究的方法证实了有效的内部控制会使企业的权益资本成本降低。他们认为无效的内部控制会造成财务报表的低可靠性，从而增加投资者面临的信息风险，最终导致较高的权益资本成本。但也有一些文献，如 Ogneva 等[9]所著书中认为内部控制缺陷与权益资本成本之间没有直接的联系。此外，实施 SOX 法案的巨大成本问题也备受关注。Leuz[46]发现实施 SOX 法案增加了企业负担，导致市场消极的反应。由此可见，揭示内控流程可靠性对上市公司资本成本影响的作用机理具有十分重要的理论意义和现实意义。

目前，讨论信息及信息披露对资本成本影响的研究较多，如 Botosan 和 Plumlee[50]讨论了披露水平和及时性与资本成本的关系；Lambert 等[137]认为增加会计信息的披露会降低公司的资本成本。然而，本书认为高质量的内部控制可以增加公司信息的准确度，只有更准确的信息才可以降低公司的资本成本，而并非大量的信息。信息披露过量反而会出现相反的结果。一部分文献认为增加披露会使其他公司了解更多的信息，从而做出更有针对性的决策，最终，导致了披露公司资本成本的上升[138,139]。此外，运用实证研究的方法检验内部控制缺陷与资本成本的关系的研究也很多[10,12,54]。

有一些研究内部控制的论文利用内控流程可靠性来衡量内控质

量。王立勇[69]等提出可以采用可靠性理论及数理统计方法来构建内部控制系统评价，该方法主要利用产品可靠性的假设及相关模型来估计每个流程和系统的可靠度。Cushing[17]强调了可靠性模型在审计及内部控制评价方面都是非常有用的工具，他提出除了要考虑实施内部控制措施后流程可靠性的提高，还要考虑成本的问题。Bodnart[18]在 Cushing 提出的模型的基础上，主要从行为科学的角度讨论了人为因素对可靠性的影响。他建立了一个分为两个阶段的可靠性模型，首先利用可靠性理论确定最优的流程连接的结构和方式，然后在第一阶段得到的优化结构的基础上，根据内部控制的要求确保人为错误得以控制和减少。企业在模型应用中应特别关注为增加可靠性而增加的成本。张蕾等[115]构建了一个企业内部控制监督的最优投资分配模型。该模型提出了内部控制缺陷率和流程可靠性两个概念，其中说明了增加内部控制监督的投资可以降低内部控制缺陷率，从而增加流程可靠性。这些文献均指出，信息系统的内部控制由内嵌于信息系统的内部控制流程来实现，增加内部控制投资是指增加相关信息技术、软硬件及人员投入，从而提高内控流程的可靠性。内控流程越可靠，公司获得的信息越准确，那么提供给投资者的信息也就越准确。本书定义的内控流程可靠性是指该流程能够被正确无误地执行，或即使发生错误也可被内部措施及时发现并纠正的概率。此外，该指标也可用来反映内控的有效性。

本章从理论层面上剖析内部控制流程可靠性对上市公司权益资本成本的影响。总的来说，内部控制流程的可靠性增强，使得公司的信息更加可靠，从而保证公司对外披露的会计报表也更加可靠。另外，流程可靠性的提高还可以减少管理者的舞弊行为。

二、制度背景与理论分析

和大部分在单一公司环境下讨论资本成本问题的文献不同，本章是在多公司的经济环境下进行讨论的，且放松了前提假设，即假设公司之间是存在相互影响的，不是相互独立的。本章以资本资产定价模型为研究起点，分析了内部控制监督投资对公司资本成本产生影响的关键因素——期末现金流量和公司现金流量与其他公司现金流量之和的协方差。

公司增加内部控制监督投资，内部控制的质量提高，有效性增强，使得业务流程的可靠性增加[115]，公司的信息更加可靠、准确，从而保证公司对外披露的信息也更加准确、可靠。一方面，投资者可以根据获得的与公司相关的信息估计公司期末现金流量的分布情况；另一方面，公司的管理者也可以根据公司的信息进行相关决策[140,141]。

三、权益资本成本推导

首先，由股票定价的现金流折现模型可知，股票当期价格为

$$P = \sum_{t=1}^{n} \frac{d_t}{(1+R)^t} + \frac{P_n}{(1+R)^n} \qquad (5-1)$$

其中，P 代表股票当期价格，P_n 代表未来第 n 期出售时预计的股票价格，R 为投资人要求的必要收益率，也就是公司的权益资本成

本。d_t 为第 t 期的预期现金股利，n 为预计持有股票的期数。当 $n = 1$ 时，$P = (d_1 + P_1)/(1 + R)$。上式表示的是单位股票价格的概念，若模型的两边同乘以发行量就可表示为总量的概念。

根据上述股票定价模型，构建一个一期的 K 公司股票定价模型。在该模型中，我们强调的是总量的概念。假设资本市场上 K 公司的股票预期回报率为 R_k [①]，期初 K 公司股票的总价值为 P_k，即每股股票价格与发行量的乘积。K 公司期末现金流量为 F_k，即预期获得的全部现金股利与出售时预期股票总价值（预期每股股票价格与持有量的乘积）之和[②]。所以，$P_k = F_k/(1 + R_k)$，变形后可以得到

$$R_k = \frac{F_k - P_k}{P_k} \qquad (5 - 2)$$

因为预期回报率 R_k 和期末现金流量 F_k 均为根据公司的会计信息估计的值，统计上经常用 $\widetilde{R}_k$ 和 $\widetilde{F}_k$ 来表示，即

$$\widetilde{R}_k = (\widetilde{F}_k - P_k)/P_k \qquad (5 - 3)$$

投资者根据公司披露的信息估计的企业期末现金流量的分布情况，用 Φ 表示。所以，以 Φ 为条件，预期回报率的期望为：

$$E(\widetilde{R}_k \mid \Phi) = [E(\widetilde{F}_k \mid \Phi) - P_k]/P_k \qquad (5 - 4)$$

其次，基于资本资产定价模型（capital asset pricing model, CAPM），可以得到

$$E(\widetilde{R}_k \mid \Phi) = R_f + [E(\widetilde{R}_M \mid \Phi) - R_f]\beta_k \qquad (5 - 5)$$

其中，R_f 代表无风险回报率，β_k 代表 K 公司的贝塔系数，R_M 代表市场

---

① 需要注意的是，这里所说的股票的预期回报率就是我们所说的权益资本成本。

② 现金股利和预期股票价格均由公司期末现金流量决定。

的预期回报率[142,143]。

再次，根据贝塔系数的计算公式，可以得到

$$\beta_k = \frac{Cov(\widetilde{R}_k, \widetilde{R}_M \mid \Phi)}{Var(\widetilde{R}_M \mid \Phi)} \tag{5-6}$$

将（5-6）式代入（5-5）式，可以得到

$$E(\widetilde{R}_k \mid \Phi) = R_f + \frac{E(\widetilde{R}_M \mid \Phi) - R_f}{Var(\widetilde{R}_M \mid \Phi)} Cov(\widetilde{R}_k, \widetilde{R}_M \mid \Phi) \tag{5-7}$$

通过上面的资本资产定价模型可以发现，影响 K 公司资本成本的公司特有的因素只有该公司的贝塔系数 β_k。或者，通过（5-4）式可以发现，更直接的因素是投资者根据他们可以获得的信息估计的企业预期回报率与市场预期回报率的协方差 $Cov(\widetilde{R}_k, \widetilde{R}_M \mid \Phi)$。与资本资产定价模型保持一致，假设投资者对于企业期末现金流量和协方差的预期都是同质的。需要注意的是，这里的 $Cov(\widetilde{R}_k, \widetilde{R}_M)$ 是预期回报率之间的协方差，而不是现金流量之间的协方差，预期回报率之间的协方差与现金流量之间的协方差的关系是

$$Cov(\widetilde{R}_k, \widetilde{R}_M) = Cov(\frac{\widetilde{F}_k}{P_k} - 1, \frac{\widetilde{F}_M}{P_M} - 1)$$

$$= Cov(\frac{\widetilde{F}_k}{P_k}, \frac{\widetilde{F}_M}{P_M}) = \frac{1}{P_k P_M} Cov(\widetilde{F}_k, \widetilde{F}_M) \tag{5-8}$$

所以，资本成本（也就是我们所说的预期回报率）与期末现金流量之间存在着（5-8）式中所表示的关系。

假设资本市场上有 J 种证券，将（5-8）式和（5-4）式代入（5-7）式，得到

$$P_k = \cfrac{E(\widetilde{F}_k \mid \Phi) - \cfrac{E(\widetilde{F}_M \mid \Phi) - (1 + R_f)P_M}{Var(\widetilde{F}_M \mid \Phi)} Cov(\widetilde{F}_k, \sum_{j=1}^{J} \widetilde{F}_j \mid \Phi)}{1 + R_f}$$

$$k = 1, 2, \cdots, J \qquad\qquad (5-9)$$

（5-9）式右边的分子部分代表预期期末现金流量减去风险减少的部分。从（5-6）式可以看出，K 公司股票的价格既受宏观经济因素 $[E(\widetilde{F}_M \mid \Phi) - (1 + R_f)P_M]/Var(\widetilde{F}_M \mid \Phi)$ 的影响，也受公司特有因素 $Cov(\widetilde{F}_k, \sum_{j=1}^{J} \widetilde{F}_j \mid \Phi)$ 的影响。$Cov(\widetilde{F}_k, \sum_{j=1}^{J} \widetilde{F}_j \mid \Phi)$ 度量了投资者根据可以获得的信息估计的 K 公司对市场现金流量的总体方差的贡献。

（5-9）式中，令 $\theta = \cfrac{E(\widetilde{F}_M \mid \Phi) - (1 + R_f)P_M}{Var(\widetilde{F}_M \mid \Phi)}$，那么

$$P_k = \cfrac{E(\widetilde{F}_k \mid \Phi) - \theta \cdot Cov(\widetilde{F}_k, \sum_{j=1}^{J} \widetilde{F}_j \mid \Phi)}{1 + R_f} \qquad (5-10)$$

θ 代表公司不能左右的市场范围的参数。

假设每个公司对市场的影响都是很小的，所以 θ 不受单个公司变动的影响。但是，前面假设市场上有 J 种证券，当 J 足够大时，J 越大，$Var(\widetilde{F}_M \mid \Phi)$ 就越大，且 $Var(\widetilde{F}_M \mid \Phi)$ 的增长速度远远超过 $E(\widetilde{F}_M \mid \Phi)$ [$E(\widetilde{F}_M \mid \Phi)$ 可能增大也可能减小]，所以，J 越大，θ 越小。

将（5-10）式代入（5-4）式，得到

$$E(\widetilde{R}_k \mid \Phi) = \cfrac{R_f \cfrac{E(\widetilde{F}_k \mid \Phi)}{\theta Cov(\widetilde{F}_k, \sum\limits_{j=1}^{J} \widetilde{F}_j \mid \Phi)} + 1}{\cfrac{E(\widetilde{F}_k \mid \Phi)}{\theta Cov(\widetilde{F}_k, \sum\limits_{j=1}^{J} \widetilde{F}_j \mid \Phi)} - 1} \tag{5-11}$$

令

$$G = \cfrac{E(\widetilde{F}_k \mid \Phi)}{\theta Cov(\widetilde{F}_k, \sum\limits_{j=1}^{J} \widetilde{F}_j \mid \Phi)} \tag{5-12}$$

则

$$E(\widetilde{R}_k \mid \Phi) = \frac{GR_f + 1}{G - 1} \tag{5-13}$$

通过（5-13）式可知，G 越大，公司的资本成本越小，越趋近于无风险回报率 R_f。$E(\widetilde{F}_k \mid \Phi)$ 和 $Cov(\widetilde{F}_k, \sum\limits_{j=1}^{J} \widetilde{F}_j \mid \Phi)$ 与 R_k 的关系如图 5-1 所示，其中 $Cov_1 < Cov_2$。从图 5-1 可以看出，K 公司的资本成本随着期末现金流量的期望值的增大而减小，随着 K 公司与其他公司的期末现金流量的协方差的增大而增大。

通过上面的分析可知，影响公司资本成本的因素包括：K 公司的期末现金流量 $E(\widetilde{F}_k \mid \Phi)$，K 公司与市场上所有公司的现金流量和的协方差 $Cov(\widetilde{F}_k, \sum\limits_{j=1}^{J} \widetilde{F}_j \mid \Phi)$，市场参数 θ，以及无风险回报率 R_f。下面我们对其进行敏感性分析，当其他条件不变时，任何一个因素变动会对资本成本产生怎样的影响。

命题 5-1　当 K 公司与市场上所有公司的现金流量和的协方差

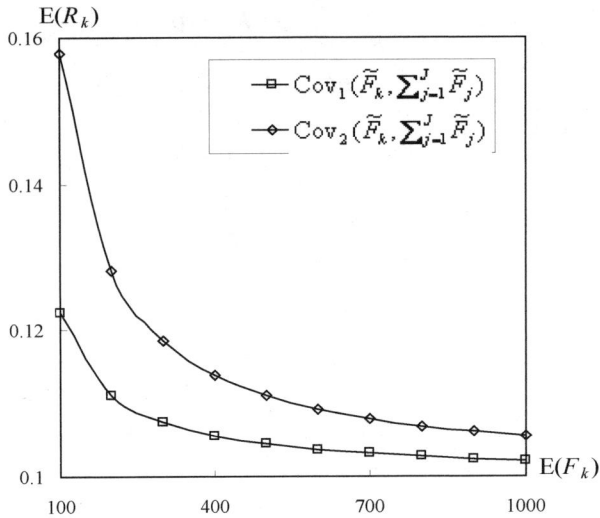

图 5-1 期末现金流量的期望和协方差与资本成本的关系

$Cov(\widetilde{F}_k, \sum_{j=1}^{J} \widetilde{F}_j \mid \Phi)$ 和 K 公司期末现金流量 $E(\widetilde{F}_k \mid \Phi)$ 均大于零，其他条件不变的情况下，有下列结论：

（1）K 公司的资本成本 $E(\widetilde{R}_k \mid \Phi)$ 随着市场上证券数量 J 的增大而减小；

（2）K 公司的资本成本 $E(\widetilde{R}_k \mid \Phi)$ 随着其期末现金流量 $E(\widetilde{F}_k \mid \Phi)$ 的增大而减小；

（3）K 公司的资本成本 $E(\widetilde{R}_k \mid \Phi)$ 随着 K 公司期末现金流量与市场上所有公司的现金流量和的协方差 $Cov(\widetilde{F}_k, \sum_{j=1}^{J} \widetilde{F}_j \mid \Phi)$ 的增大而增大；

（4）K 公司的资本成本 $E(\widetilde{R}_k \mid \Phi)$ 随着无风险回报率 R_f 的增加而增加。

命题 5-1 很容易理解，K 公司的期末现金流量 $E(\widetilde{F}_k \mid \Phi)$，协方差 $Cov(\widetilde{F}_k, \sum_{j=1}^{J} \widetilde{F}_j \mid \Phi)$ 以及股票价格均为正，当市场上证券数量 J 增加时，代表市场因素的参数 θ，市场风险被稀释，预期回报率 $E(\widetilde{R}_k \mid \Phi)$ 也相应降低。虽然 K 公司预期的现金流量 $E(\widetilde{F}_k \mid \Phi)$ 增加，但是它的增加并没有增加 K 公司的方差和协方差，即没有增加风险，反而使投资者觉得获得收益的可能性增加，于是资本成本降低。第三种情况是最好理解的，K 公司与市场上所有公司的现金流量和的协方差 $Cov(\widetilde{F}_k, \sum_{j=1}^{J} \widetilde{F}_j \mid \Phi)$ 越大，说明风险越大，于是资本成本就越高。最后一种情况，所有公司的资本成本都与无风险回报率 R_f 有关，投资首先要弥补的就是无风险回报率，然后才是有风险的部分，所以公司的资本成本随着无风险回报率 R_f 的增加而增加。

四、对企业信息的影响

这部分的分析需要引入"噪声"的概念。投资者和管理者都会根据获得的信息去估计各自关心的指标，如投资者会根据获得的信息去估计公司未来的现金流量，投资者获得的信息越准确，信息的噪声越小，对公司期末现金流量的估计越准确；管理者则会根据获得的信息去估计公司的边际生产率，管理者获得的信息越准确，信息的噪声越小，他们对边际生产率的估计就越符合实际，将来的投资决策也就越准确。

（一）对投资者所获信息的影响

一些研究表明，存在内部控制缺陷的公司在其应计项目中有较大的噪声[10,37,144]。所以，在这部分的分析中，我们利用噪声建立一个较一般的模型①，即

$$\widetilde{Q}_k = \widetilde{F}_k + \widetilde{\varepsilon}_k(r_k), \qquad (5-14)$$

其中 $\widetilde{Q}_k$ 代表投资者的观察值，$\widetilde{F}_k$ 代表公司的期末现金流量，$\widetilde{\varepsilon}_k(r_k)$ 代表信息中的噪声或测量误差（可正可负，也可以等于零），它是关于流程可靠性 r_k 的函数，假设

$$\limsup_{r_k \to 1} |\widetilde{\varepsilon}_k(r_k)| = 0 \qquad (5-15)$$

也就是通过内部控制监督投资，使流程的可靠性增加，当其完全可靠时（ $r_k = 1$ ），投资者对现金流量的观测值与公司预期的现金流量相等。

通过命题 5-1 的（3）可知，K 公司的资本成本 $E(\widetilde{R}_k \mid \Phi)$ 随着 K 公司期末现金流量与市场上所有公司的现金流量和的协方差 $Cov(\widetilde{F}_k, \sum_{j=1}^{J} \widetilde{F}_j \mid \Phi)$ 的增大而增大。也就是 K 公司期末现金流量与市场上所有公司的现金流量和的协方差 $Cov(\widetilde{F}_k, \sum_{j=1}^{J} \widetilde{F}_j \mid \Phi)$ 越小，K 公司的资本成本 $E(\widetilde{R}_k \mid \Phi)$ 也就越小。所以下面就考虑 K 公司增加内部控制监督投资，其流程可靠性增强，会对 $Cov(\widetilde{F}_k, \sum_{j=1}^{J} \widetilde{F}_j \mid \Phi)$ 产生

---

① 这种建模方法是符合实际的，噪声在现实中是普遍存在的，详见 DeGroot[145] 和 Verrecchia[139]。

怎样的影响。

为了分析简便,先考虑 K、H 两家公司的情况。假设:(1)两个公司之间存在协方差 $Cov(\tilde{F}_k, \tilde{F}_h)$,且 $Cov(\tilde{F}_k, \tilde{F}_h) \neq 0$;(2)$\tilde{Q}_k = \tilde{F}_k + \tilde{\varepsilon}_k(r_k)$,$\tilde{Q}_h = \tilde{F}_h + \tilde{\varepsilon}_h(r_h)$,$\tilde{Q}_k$ 和 $\tilde{Q}_h$ 分别是投资者在市场上观察到的有噪声干扰的 K、H 两公司的期末现金流量。(3)K 公司增加内部控制监督投资,其流程可靠性 r_k 增加,而 H 公司没有增加内部控制监督投资,其流程可靠性 r_h 保持不变。那么,在 K 公司的流程可靠性为 r_k 的情况下

$$Cov(\tilde{Q}_k, \tilde{Q}_k + \tilde{Q}_h \mid r_k) = Var(\tilde{Q}_k \mid r_k) + Cov(\tilde{Q}_k, \tilde{Q}_h \mid r_k)$$

$$(5-16)$$

先分析(5-16)式右边的第一式。由(5-15)式可知,随着 K 公司流程可靠性 r_k 逐渐趋近于 1,其噪声 $\tilde{\varepsilon}_k(r_k)$ 逐渐趋近于零,投资者的观察值 $\tilde{Q}_k$ 逐渐趋近于 K 公司的期末现金流量 $\tilde{F}_k$。所以根据方差的定义可知,$Var(\tilde{Q}_k \mid r_k)$ 会随着 K 公司流程可靠性 r_k 的增加而减小。

Easley 和 O'Hara[146] 对资本成本的分析中,特别强调信息对方差的影响,因为他们的分析是建立在假设市场上所有的证券都是相互独立的基础之上的,也就是公司与其他公司现金流量的协方差为零。这个假设显然不符合实际情况,但他们分析了信息对方差的影响,分析的结论和方法是正确的。所以,为了弥补不足,本章假设证券之间存在相互联系,即 $Cov(\tilde{F}_k, \tilde{F}_h) \neq 0$。

接下来分析(5-16)式右边的第二式。根据协方差的定义,当

K 公司流程可靠性 r_k 趋近于 1，即不存在噪声的情况下，每个投资者观察到的 $\widetilde{Q}_k$ 都趋近于 K 公司的期末现金流量 $\widetilde{F}_k$，那么也会趋近于期末现金流量的期望 $E(\widetilde{F}_k)$，所以 $Cov(\widetilde{Q}_k, \widetilde{Q}_h \mid r_k)$ 会随着 K 公司流程可靠性 r_k 的增加而趋近于零。

综上，（5 - 16）式右边的一式和二式均随着 K 公司流程可靠性 r_k 的增加而减小，所以 $Cov(\widetilde{Q}_k, \widetilde{Q}_k + \widetilde{Q}_h \mid r_k)$ 会随着 K 公司流程可靠性 r_k 的增加而减小。也就是说，在其他条件不变的情况下，K 公司的资本成本 $E(\widetilde{R}_k \mid \Phi)$ 也会减小。以上分析可以推广到多家公司的情况。

命题 5 - 2　以 K 公司的流程可靠性为条件的 K 公司与 H 公司现金流量之间的协方差会随着 K 公司流程可靠性的提高而逐渐减小。

命题 5 - 2 可以这样理解，如果 K 公司提供的信息中不存在误差或噪声，即 $Q_k = F_k$，为一个确定的值，则投资者对 K 公司期末现金流量的估计完全准确，那么它与其他公司的以 $\widetilde{Q}_k$ 为条件的条件协方差就为零。

按照我们的分析，如果增加的内部控制监督投资可以使公司的流程可靠性为 1，也就是完全可靠，那么在管理者不进行财务报表盈余管理的前提下，公司对外提供的信息完全可靠，那么这些信息就可以完全揭示公司未来的现金流量。当然，这是最理想的状态，现实中会存在很多的不确定因素，尽管如此，我们的结论也是成立的。所以对于上市公司来讲，越早增加内部控制监督的投资，并将此信息披露给投资者，就能够越早地享受到由此带来的低资本成本。

另外，很多实证研究表明，公司盈余的信息在预测现金流量时是非常有用的，它提供了关于市场、行业和公司特有的期末现金流量的信息[93]。Brown 和 Ball[147] 曾证明了公司的盈余信息包括了市场和行业的部分；Bhoraj 等[148] 将 Brown 和 Ball[147] 的研究扩展到公司层面和相关财务指标；Freeman 和 Tse[149] 证明了一个公司的盈余披露与其他公司的盈余或股票回报的关系；Piotroski 和 Roulstone[150] 阐述了市场参与者（包括分析师、机构、交易者和内部人员）的活动如何把对未来盈余中公司特有、行业以及市场部分的影响合并反映在价格中。

（二）对管理者所获信息的影响

本部分的分析建立在假设不存在代理问题的基础上，即管理者与投资者（股东）的目标是一致的，都希望企业价值最大化或者股东权益最大化，那么我们有理由相信增加内部控制监督投资会让公司的业务流程更加可靠，管理者获得的信息更加准确，使得管理者用于生产的最优投资决策发生变化，最终影响公司的资本成本。

代理问题（Agency Problem）是指当委托人（经济资源的所有者）与代理人（负责使用和控制经济资源的管理者）发生分离时，委托人和代理人的目标利益也随之发生冲突，委托人和代理人追求各自的利益最大化，委托人希望自己拥有的经济资源最大化，而代理人希望在职消费和自身利益最大化。再加之由于信息不对称，委托人处于信息劣势，不能对代理人实行完全的监督，在这种情况下，代理人有可能做出有损委托人利益的行为。

假设管理者决定投资或投入生产的量为 $l(\varepsilon_k)$，这个决策是基于边际生产率的相关信息决定的。管理者在投资决策前可以观察到一个关于边际生产率的信号 $S_k + \varepsilon_k$，ε_k 是一个关于边际生产率的噪声信号，它与流程的可靠性相关，随着流程可靠性 r_k 逐渐趋近于 1，ε_k 趋近于 0，也就是说管理者在投资决策前观察到的边际生产率越接近实际的情况。根据经济学的定义，我们给出期末现金流量与投资水平的函数关系

$$\widetilde{F}_k = l \cdot (S_k + \varepsilon_k) - b \cdot l^2 \qquad (5-17)$$

其中 b 是一个介于 0、1 之间的常数，代表投资无效性。边际生产率的噪声 ε_k、投资水平 l 和期末现金流量 F_k 之间的关系如图 $5-2$ 所示。

根据期望、方差和协方差的性质，可以得到

$$E(\widetilde{F}_k \mid r_k) = l(\varepsilon_k) \cdot E(S_k + \varepsilon_k \mid r_k) - bl^2(\varepsilon_k) \qquad (5-18)$$

$$Var(\widetilde{F}_k \mid r_k) = l^2(\varepsilon_k) Var(S_k + \varepsilon_k \mid r_k) \qquad (5-19)$$

和

$$Cov(\widetilde{F}_k, \sum_{j=1, j \neq k}^{J} \widetilde{F}_j \mid r_k) = l(\varepsilon_k) \cdot Cov(S_k + \varepsilon_k, \sum_{j=1, j \neq k}^{J} \widetilde{F}_j \mid r_k)$$

$$(5-20)$$

根据前面的假设，管理者与投资者（股东）的目标是一致的，都希望公司的股票价格最大化，也就是说管理者会选择使公司期初股票价格最大化的投资水平 $l(\varepsilon_k)$，由 $(5-10)$ 式得到

$$\underset{l(\varepsilon_k)}{Max} P_k = \frac{E(\widetilde{F}_k \mid r_k) - \theta \cdot Cov(\widetilde{F}_k, \sum_{j=1}^{J} \widetilde{F}_j \mid r_k)}{1 + R_f} \qquad (5-21)$$

将 $(5-18)$ 式至 $(5-20)$ 式代入 $(5-21)$ 式，得到

$$A = \frac{lE(S_k + \varepsilon_k \mid r_k) - bl^2 - \theta \left[l^2 Var(S_k + \varepsilon_k \mid r_k) + lCov(S_k + \varepsilon_k, \sum_{j=1, j \neq k}^{J} \widetilde{F}_j \mid r_k) \right]}{1 + R_f}$$

$$(5-22)$$

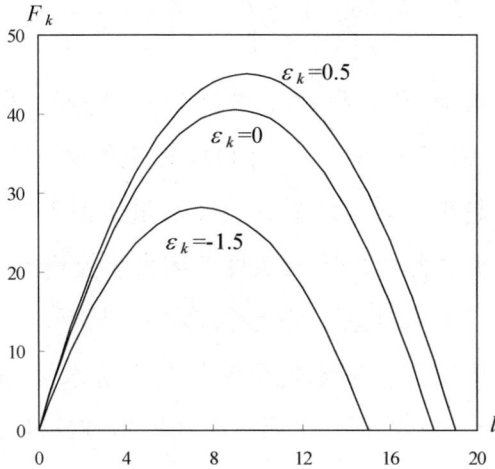

图 5 - 2　边际生产率的噪声对期末现金流量的影响

上式 A 对投资水平 l 求一阶偏导，令其为零，即 $\partial A / \partial l = 0$，得到：

$$l^*(\varepsilon_k) = \frac{E(S_k + \varepsilon_k \mid r_k) - \theta \cdot Cov(S_k + \varepsilon_k, \sum_{j=1, j \neq k}^{J} \widetilde{F}_j \mid r_k)}{1 + 2b\theta Var(S_k + \varepsilon_k \mid r_k)}$$

$$(5 - 23)$$

将（5 - 18）式至（5 - 20）式和（5 - 23）式代入（5 - 12）式，得到：

$$G = \frac{(1 + 2b\theta V)E - b}{\theta[EV + C + (2b - 1)\theta VC]},\qquad (5 - 24)$$

其中 $E = E(S_k + \varepsilon_k \mid r_k)$，$V = Var(S_k + \varepsilon_k \mid r_k)$，$C = Cov(S_k + \varepsilon_k,$

$\sum_{j=1, j \neq k}^{J} \widetilde{F}_j \mid r_k)$。经过前面的分析我们知道，流程可靠性提高，使得公司的信息质量提高，那么条件方差和条件协方差均减小，条件协方差减小可以使得（5 - 24）式的 G 增大，公司的资本成本减小。那么，G 和条件方差 V 的关系可以通过对 V 求偏导，得到

$$\frac{\partial G}{\partial V} = \frac{b(2b-1)\theta C + (\theta C + b - E)E}{\theta [EV + C + (2b-1)\theta VC]} \tag{5-25}$$

通过前面的定义可知，$0 < b \leqslant 1$，则 $b(2b-1)\theta C \leqslant 0$，那么只要 $\theta C + b < E$，即可得到 $\partial G/\partial V < 0$。也就是说条件方差越小，$G$ 越大，公司的资本成本越小。当市场上的公司数量 J 很大时，θ 很小，可趋近于零，所以只要边际生产率的条件期望大于投资无效性 b 即可。

命题 5-3 当市场上公司数量很多的情况下，只要公司的边际生产率的条件期望值大于期末现金流量与投资水平函数中的投资无效性 b，即 $b < E(S_k + \varepsilon_k | r_k)$，那么内部控制监督投资就可以降低该公司资本成本。

公司增加内部控制监督投资，可以增加流程的可靠性，使得在公司内部生成的信息更加准确，管理者根据这些信息做出的决策也就更加准确，投资者对该企业期末现金流量的估计也更加准确，最终公司的资本成本减小。

五、对管理者舞弊行为的影响

和上一节不同，本部分的分析是建立在存在代理问题的前提上的。许多讨论代理问题的文献[151,152,153] 曾指出，高质量的财务报告或公司治理可以通过降低管理者为自己挪用资金的方式来增加企业价值。通过前文的分析可知，增加内部控制监督投资，可以提高公司治理的质量和流程的可靠性，同时为公司带来威慑效应，从而使得管理者挪用公司资金的可能性降低，舞弊行为减少。

下面构建一个流程可靠性与管理者可能挪用的金额之间的函数

$Z(r_k)$，其中 r_k 代表 K 公司的整体的流程可靠性，管理者可能挪用的金额 Z 是关于流程可靠性 r_k 的函数，它随着可靠性的增加而减少。假设资金挪用之前，K 公司的期末现金总流量为 F_k^*，那么，管理者可能挪用的金额为

$$Z(r_k) = X(r_k) + Y(r_k) \cdot F_k^* \qquad (5-26)$$

要求 $X(r_k) \geqslant 0$，当 $r_k = 1$ 时，$X(r_k) = 0$，$X'(r_k) \leqslant 0$；$0 \leqslant Y(r_k) \leqslant 1$，当 $r_k = 1$ 时，$Y(r_k) = 0$，$Y'(r_k) \leqslant 0$。

为了分析方便，根据上面的要求，我们给出函数的具体形式

$$X(r_k) = \frac{1-r_k}{r_k}, Y(r_k) = \frac{1-r_k}{\alpha} \qquad (5-27)$$

则

$$Z(r_k) = \frac{1-r_k}{r_k} + \frac{1-r_k}{\alpha} F_k^* \qquad (5-28)$$

其中，α 代表内部控制强度，为不小于 1 的常数；$0 < r_k \leqslant 1$。函数 $X(r_k)$、$Y(r_k)$ 和 $Z(r_k)$ 和 r_k 的关系如图 5-3、图 5-4 和图 5-5 所示。

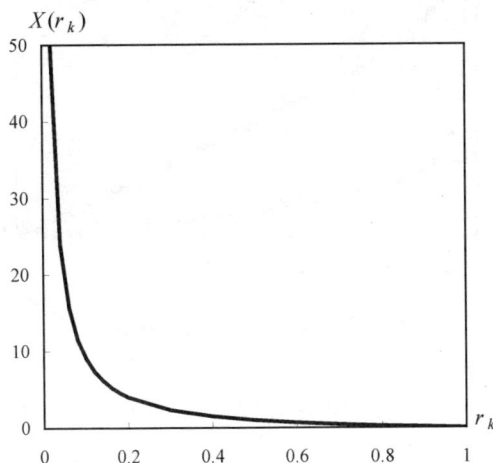

图 5-3　函数 $X(r_k)$ 与 r_k 的关系

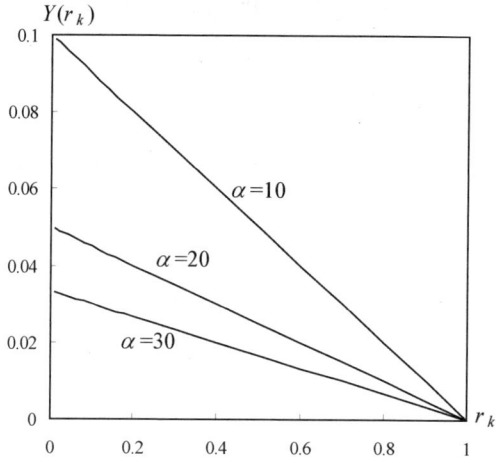

图 5 - 4 函数 $Y(r_k)$ 与 r_k 的关系

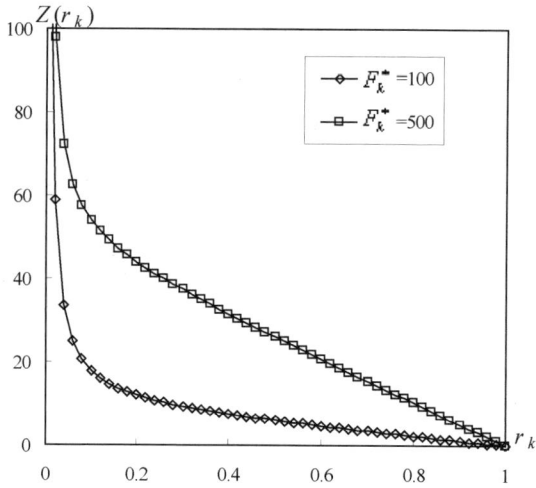

图 5 - 5 函数 $Z(r_k)$ 与 r_k 的关系

从图 5 - 5 可以看出，随着流程可靠性 r_k 的增加，管理者可能挪用的金额逐渐减少。管理者挪用金额后公司剩余的现金流量为

$$\widetilde{F}_k = F_k^* - Z(r_k) = (1 - \frac{1 - r_k}{\alpha}) \cdot F_k^* - \frac{1 - r_k}{r_k} \quad (5 - 29)$$

根据期望、方差和协方差的性质，可以得到

$$E(\widetilde{F}_k \mid r_k) = (1 - \frac{1 - r_k}{\alpha}) \cdot E(F_k^*) - \frac{1 - r_k}{r_k}, \quad (5 - 30)$$

和

$$Cov(\widetilde{F}_k, \sum_{j=1}^{J} \widetilde{F}_j \mid r_k) = Cov(\widetilde{F}_k, \widetilde{F}_k) + Cov(\widetilde{F}_k, \sum_{j=1, j \neq k}^{J} \widetilde{F}_j)$$

$$= (^1 -)2 \cdot Var(F_k^*) + (1 - \frac{1 - r_k}{\alpha}) \cdot Cov(F_k^*, \sum_{j=1, j \neq k}^{J} \widetilde{F}_j)$$

$$(5 - 31)$$

把（5 - 30）式和（5 - 31）式代入（5 - 12）式，得到

$$G(r_k) = \frac{(1 - \frac{1 - r_k}{\alpha}) E(F_k^*) - \frac{1 - r_k}{r_k}}{\theta (1 - \frac{1 - r_k}{\alpha})^2 Var(F_k^*) + \theta(1 - \frac{1 - r_k}{\alpha}) Cov(F_k^*, \sum_{j=1, j \neq k}^{J} \widetilde{F}_j)}$$

$$(5 - 32)$$

通过前面的分析可知，$0 \leqslant (1 - r_k)/\alpha < 1$，且当市场上的公司数量 J 很大时，K 公司方差的效应趋近于零，可以忽略不计，所以得出

$$G(r_k) \approx \frac{(1 - \frac{1 - r_k}{\alpha}) E(F_k^*) - \frac{1 - r_k}{r_k}}{\theta (1 - \frac{1 - r_k}{\alpha}) Cov(F_k^*, \sum_{j=1, j \neq k}^{J} \widetilde{F}_j)} \quad (5 - 33)$$

对（5 - 33）式求偏导，得到

$$\frac{\partial \ G(r_k)}{\partial \ r_k} = \frac{(1 - \frac{1 - r_k}{\alpha}) \frac{(\alpha - 1)r_k + 1}{r_k^2} + \frac{1 - r_k}{r_k}}{\alpha\theta (1 - \frac{1 - r_k}{\alpha})^2 Cov(F_k^*, \sum_{j=1, j \neq k}^{J} \widetilde{F}_j)}, \quad (5 - 34)$$

前面已假设 $Cov(F_k^*, \sum\limits_{j=1,j\neq k}^{J} \widetilde{F}_j) \geqslant 0$，所以 $\partial\ G(r_k)/\partial\ r_k \geqslant 0$。也就是说随着流程可靠性 r_k 的增大，$G(r_k)$ 也增大。

根据前面的分析 $E(\widetilde{R}_k) = \dfrac{GR_f + 1}{G - 1}$，可知，$G$ 越大，公司的资本成本越小。综上所述，可知公司对内部控制监督进行投资，会让流程可靠性增大，公司的资本成本减小。

命题 5-4　K 公司增加内部控制监督投资，会让流程可靠性提高，威慑效应增加，使得管理层可能挪用的资金减少，最终导致 K 公司的资本成本也随之减小，即向无风险率移动。

当公司增加内部控制监督投资时，会使流程的可靠性增加，根据上一章的分析可知，内部控制监督带来的威慑效应也随之增强，管理者为了自己的私欲挪用的资金减少，公司剩余的现金流量增加，使得 $G(r_k)$ 增大，公司的资本成本 R_k 减小。

六、本章小结

本章构建了一个流程可靠性与权益资本成本的分析框架，检验了流程可靠性与权益资本成本之间的关系[154]。公司增加内部控制监督投资，使得业务流程的可靠性提高，一方面，公司的信息更加准确；另一方面，使得管理者的舞弊行为减少。第一部分以资本资产定价模型为基础，分析了影响公司资本成本的关键因素，即期末现金流量的期望、期末现金流量与其他公司现金流量和的协方差、代表宏观因素的和无风险回报率，并通过敏感性分析，得到它们与资本成本之间的关系。第二部分引入了噪声的概念。流程的可靠性提高，信息更加准确，信息中包含的噪声减小。首先，市场上的投资者通过获得的与公司相关的信息估计公司未来的现金流量，公司提供的信息越准确，投资者估计的精度越高，投资者估计的公司期末现金流量的方差以及与其他公司的协方差就越小，公司的资本成本降低。其次，从管理者的角度，分析了流程可靠性对其生产投资决策的影响。当管理者与所有者目标一致时，更加准确的信息会改变管理者的最优投资决策，从而降低资本成本。市场上在公司数量很多的情况下，只要公司的边际生产率的条件期望值大于期末现金流量与投资水平函数中的投资无效性，流程可靠性的提高就可以降低该公司的资本成本。第三部分主要讨论了流程可靠性对管理者舞弊行为的影响。当有代理问题存在时，管理者以自身的效用最大化为目标而发生的舞弊行为层出不穷。公司流程可靠性的提高可以减少管理者的舞弊行为，减少管理者可能挪用公司的资金，从而公司未来的现金流量就会有所增加，最终使得资本成本降低。

另外需要说明的是，本章的分析建立在假设期末现金流量与其他公司的期末现金流量之和的协方差均大于零的基础上，但现实中也会出现小于零的情况。当期末现金流量与其他公司的期末现金流量之和的协方差小于零时，只要将我们得到的结论反向即可，不管是正还是负，资本成本均会朝着原点的方向移动，所以总体效果还是资本成本降低。

本章主要讨论了内部控制监督投资对权益资本成本的影响，除此之外，内部控制监督投资也会对债务资本成本产生影响。试想，流程可靠性提高，对债权人来说他们对公司违约可能性的估计将更加准确。而违约发生的可能性是债务资本成本的重要决定因素之一，因此对该因素的估计越准确，公司的债务资本成本也就越低。最后，作者希望未来能通过理论模型证明这一想法。

第六章

信息系统内部控制实施

现代信息技术环境下，企业实时收集海量信息、迅速进行精确处理，及时辅助决策制定的各项能力，都为内部控制从封闭走向开放、从僵化走向灵活动态提供了可能。企业应充分利用信息技术带来的优势完善信息系统内部控制。

一、基于 COBIT 的内部控制实施分析

本章仅以信息系统和技术控制目标（COBIT）第一个域的处理过程为代表，结合 COSO《企业风险管理——整合框架》，简要分析这两个理论在企业中的实施。"规划与组织"帮助企业确立整个内部控制的起始位置，即从企业投资前的规划、论证开始到投入后的信息系统组织结构和职能的优化。

（一）制定 IT 战略规划

在制定 IT 战略规划之前，首先应熟悉企业的内部环境，特别是

企业的风险管理理念和已有的 IT 资源（如现有数据库水平、管理软件的现状、网络的应用等），然后要了解企业的目标设定情况，包括战略目标和具体目标。这是因为企业制定的 IT 战略规划应与企业整体的战略目标相一致。另外，IT 环境对实现业务目标的支撑、目前的技术解决方案和架构的情况、技术的发展趋势、方案可行性研究与对比、管理软件的评估，以及企业在风险识别、评估、应对及控制方面的能力等都应成为企业对企业信息系统战略规划实施控制应予考虑的因素。

（二）确定信息体系结构

COBIT 对"确定信息体系结构"这个过程有个明确的控制目标。控制的对象是建立和维护业务信息模型，确保企业信息系统的整个流程是合理的。这个环节应评估以下内容：数据语法规则、数据使用权限和安全定义、反映业务特征的信息模型以及企业信息架构的标准。另外受《企业风险管理——整合框架》的影响，信息体系结构中还应加入对风险信息的识别和传递规则。

（三）确定技术方向

IT 在企业中的作用是服务于业务自身的需要，那么企业在决定信息技术方向时必须有一个能够很好制定和管理技术的流程，而这个流程就是要确保技术能够很好地实现企业对产品、服务和交付能力的期望。在建设过程中应结合企业的实际业务需求，具体情况具体分析，使其具有高可用性，充分利用现有的各种系统网络资源，建立高性能、低成本的系统。

为了在系统建设中规范选择交换设备、计算机设备、软件平台、中间产品，以及业务系统的分析和设计，确保系统的整体形象、互联互通、协调运营与统一管理，企业在确定系统的技术方向过程中主要从以下几个方面实施控制：

1. 系统既要满足现有的网络组织、业务管理、服务质量的要求，又要能够满足今后大规模、大容量、多业务的网络运营需求。

2. 在系统的实施过程中应采用先进的项目管理、软件工程管理、科学的计划和实施办法，采用先进的技术，保证系统建设的先进性。

3. 具有高度的可伸缩性，实现多系统并存所需的互操作能力，以及多种资源管理能力。

4. 实时完成大容量数据处理，为实时性要求更高的业务提供特殊的处理方法。

5. 系统应遵循行业的标准或建议，采用标准的、开放的技术。

（四）定义 IT 组织与关系

IT 环境所带来的 IT 资源能否在企业中得到成功应用，除了技术本身以外，关键在于企业是否具备完善的 IT 决策服务组织体系。IT 组织作为企业组织结构中的一部分，改变了企业的内部环境，也改变了企业中信息传递与沟通的方式。建立和维持一个能实现 IT 价值的组织体系，需要企业做出各方面的努力，这其中自然包括实施相应的内部控制。按照 COBIT 理论，企业需关注：董事会对 IT 所担负的职责；管理层对 IT 的监督和指导；IT 与业务的匹配；在企业关键战略决策中 IT 的融入；组织的灵活性；角色与职责的清晰；平衡监督和放权的关系；工作描述；安全、质量和内部控制等的组织定位；责权分离。除此之外，还应建立 IT 风险事故数据库。风险事故数据库是风险有效预警的工具。通过对发生在企业外部的风险事故进行分析，将激励和警惕管理层测试企业自身的风险管理程序，从而来检查他们是否能阻止企业内的风险发生；对企业内部以前发生的风险事故进行分析，可以避免以后类似风险事故的再次发生。

（五）传达管理目标和方向

企业中，管理层在 IT 方面的目标和方向需要通过合适的渠道和流程由上至下传达，同时要确保员工对这些目标的正确理解。在企业信息系统建设过程中，管理目标通过软件演示、电子邮件会议等方式传达给员工，这也是整个系统实施的一个关键环节，是确保沟通的一个有效方式。

COBIT 认为，企业需要经常评估所有的 IT 处理过程的效率，并检查它们是否符合控制需求，从而避免控制流程中的管理疏忽。

（六）确保与外部需求一致

由于企业和社会对信息技术的依赖程度越来越强，政府制定了不同的法律和法规来规范和约束信息技术的使用，以降低信息技术对社会生活和商业活动的顺利展开所带来的不利影响。许多法规都与企业信息技术的应用有或多或少的联系。企业必须确保能够遵守这些法律法规。COBIT 提出需要识别和分析外部的这些规定对企业本身 IT 应用的影响，并采取适当的措施来遵守它们。企业可从以下三个方面着手进行：对影响企业 IT 应用的相关法律法规做出识别和分析、跟踪有关法律法规的发展变化、定期监督企业的执行情况。

这些做法不仅体现了企业与外界的沟通、对企业的监督，而且体现了事项识别、风险评估和应对的思想。针对法律的变化，企业应及时识别风险，对其进行评价，并及时采取有效的应对措施。

（七）风险评估

IT 环境对企业的影响越来越大，企业日常经营和管理活动都离不开 IT，这就意味着除了传统环境中企业所面临的风险意外，还要面对 IT 环境自身及其给企业带来的风险。企业信息系统在企业中的应用，需要有一套管理体系去应对系统使用过程中的风险。COBIT 提出在这个风险管理体系中，需要有 IT 风险的识别、影响力分析，涉及的部门以及需要采取最经济和有效的措施来规避风险。

同时考虑：风险管理的所有权和责任权、不同类型 IT 的风险、所定义和发布的风险容限度、根本原因的分析、风险的定性和定量衡量、风险评估方法论、风险行动计划和及时的再评估等。

系统在进行风险评估时，主要考虑了以下几个方面：

1. 避免风险评估仅限于 IT 部门和安全专家的参与。风险评估既然服务于企业的业务目标，就应当得到业务部门的支持，事实上，只有他们最了解需要保护什么，保护的程度如何，担心哪些安全问题，发生过什么安全事件，是否值得以特定成本实施安全控制而降低某项风险。

2. 风险评估始终围绕企业的目标和方针进行。在进行风险评估时，都要做业务影响分析，其中的参考指标也是依据公司的安全目标制定的。当发生各成员评估结果不一致的情况时，项目经理则参照安全目标的定义进行裁决。

3. 风险评估的目的是为安全控制提供足够的决策参考依据。此外，为了提高评估的效率，还采用了专业化的评估软件以减少评估的人为失误和文档编制时间。

从前面的分析不难看出，COBIT 的每一个处理过程中都或多或少的体现了事件报告管理功能（ERMF）八要素的思想。但是，还应进一步加强 COBIT 模型中的风险管理理念，加强对风险的控制。

二、信息系统内部控制的构成要素

提到 IT 就不能不提到信息系统，信息系统只是企业中使用的工具，但是这种工具非常强大，并且用途广泛。信息系统和企业是相互影响的，信息系统改变着企业以及企业经营的方式，企业也改变着信息系统的体系结构和系统。信息系统能够映射出组织的结构，信息系统结构必须符合企业的需要，并且为企业流程提供支持。

随着内控理论地不断完善和发展，内部控制包括的范围越来越广，如生产计划控制、质量控制、预算控制、统计分析、工序改进、内部审计、销售方针、人事管理、库存管理等。另外，《企业风险管理——整合框架》的提出又将风险管理的思想引入进来，使内部控制理论更加完善。

（一）内部环境

内部环境包含组织的基调，它影响组织中人员的风险意识，是其他企业风险管理构成要素的基础，为其他要素提供约束和结构。内部控制环境包括主体的风险管理理念、风险容量、董事会的监督，主体中人员的诚信、道德价值观和胜任能力，以及管理当局分配权力和职责、组织和开发其员工的方式。

内部环境是由《内部控制——整体框架》中 5 个要素之一的控制环境发展演变而来，较之控制环境，内部环境的视野更加广泛，包含了多方面的内容。控制环境仅仅关注一切可控的或与控制相关的事务，从而忽视了一些看似不可控却与企业的生存发展息息相关，如员工诚实性、道德观等风险文化层次的考虑，因此作为 8 大要素之首，内部环境能为建立企业风险管理体系提供更全面、深刻的架构基础。

首先，在 IT 环境下要求企业组织结构具有很大的柔性、灵活性和适应性，因此，扁平化组织结构的建立适应了新环境的要求，决策者和执行者能够快速沟通，企业的内部控制层次明显减少，控制责任更加明确。建立扁平化组织结构可以使得企业管理幅度加宽、管理层次缩减，人员更加精简，进而降低成本和提高效益。其次，IT 环境下企业内部控制的方式和管理观念发生了改变。企业内外部人员能够比较容易地获得各种信息，信息的快速传递会在企业内部造成一个动态的工作氛围，在一定程度上会影响企业的经营风格。比如相比简短而紧急的消息使用电子邮件，直言不讳地表达可增强人们的进取心；再比如企业可以把内部运行的信息贴到内部网主页上，它有目录和搜索引擎，让人很容易查找并定位所需要的信息。这些细节在不知不觉中改变着企业的文化。第三，计算机的使用使商业活动中的一些弱点更容易暴露出来，便于企业及时地发现问题、改正问题。第四，IT 带来的不仅仅是工具的变革，同时它也带来了开放与信任的思想。现在的工人不同于以前，他们需要更多的信任。给他们提出问题，为他们提供所有可用的信息并信任他们，然后让他们自己找出解决的方法，这样他们的能力被更好的开发出来。

在 IT 环境下，在扁平化组织结构中，信息无处不在，企业内外部人员均能获得。此时管理当局应当转变观念，认识到自己不再是组织等级的上层，而是活动行为的中心，再加上网络引发的新问题——信息道德危机，即企业内部员工道德素质的败坏将加大企业经营管理的风险。在这种情况下，"正确"的高层基调就显得更加重要。管理当局需要在这个动态的环境中，既能够调动集体智慧，发挥员工的主观能动性，在创新中求得更大的发展，又能在不断出现的冲突和磨合中，寻找内部凝聚力和向心力，有效地加强内部控制。

建议企业首先采用文字的形式将期望的内部环境描述出来，然后利用 IT 环境营造的氛围将其贯彻下去。例如在企业的局域网（或因特网）主页上建立一个关于企业价值观声明和行为规范的链接，以便及时贯彻企业文化，方便员工在完成工作的过程中自觉参考规范和指南。除此之外，还可以以电子文本的方式进行传递，但要确认全体员工收到了信息。

（二）目标设定

报告认为企业的管理当局在可以有意义的评估风险之前必须确立目标，针对不同的目标分析相应的风险，并且拥有一套能将企业目标与企业使命紧密联系并与企业风险容忍度和风险偏好相一致的制定目标的流程。每一个主体都面临来自外部和内部的一系列风险，设定目标是企业进行有效的事项识别、风险评估和风险对策的前提。目标设定包括战略目标、相关目标、选定的目标、风险容量和风险容限。

目标应当建立在战略的高度，为企业的经营目标、报告目标和合规目标建立一个基础。目标与主体的风险容量相协调，后者决定了主体的风险容限水平。企业首先明确自己的使命（或愿景），利用一定的计量方法确定其战略目标。战略目标和相关目标之间是总与分的关系。主体层次的目标与更多具体目标相关联和整合，具体目标细化为针对各项活动和基础职能部门的次级目标。接下来企业要根据自己承受风险的能力确定风险容量，将风险限定在风险容限的范围之内。

首先，IT 可以帮助企业实现其战略目标及其他相关目标。山崎马扎克（Yamazaki Mazak）是日本的一个机床制造商，然而，马扎克自动化工厂并不制作现货，但它可以在一两个月内向他们的客户提供规格说明书。他们从不批量生产产品，这种生产方式使得制造过程的每个阶段都不需要处理批量生产所带来的产品堆积和处理等待队列。马扎克每个月可以生产 100 台机器，涉及 55 个不同的型号，每个型号还有各种可选的特性。他们是如何处理信息的呢？首先，客户订单和规格说明在 CAD（计算机辅助设计）工作站的屏幕前进行处理，然后这些设计的信息被数字化，并传送到 CAM（计算机辅助制造）工作站的生产流程设计者的屏幕前。在这里，设计信息被转换成 CNC（计算机数字控制）程序，这个程序用来控制工厂中自动化机床的处理进程。所有的计算机和机床等工具的生产流程通过计算机网络连接在一起，整个生产过程被一台监管计算机统一安排并协调，形成一个先进的 CIM（计算机集成制造）案例。从这个案例中，我们可以看出，马扎克在 IT 的帮助下实现了赢得市场、对客户的个性要求作出最快的反应的战略目标。其次，IT 环境中的信息系统可以帮助企业进行可行性分析，分析战略目标和相关目标的可行性。另外，可将企业风险容量分析程序化，由系统自动生成，只加入少量的人为分析。这样做的好处是当发现接近或超过企业风险容限的事项时，系统可自动发出警报，提醒管理当局及时作出反应，协助管理当局设定目标。

企业可以在信息系统中建立经营风险预警数学模型。首先确定每一项风险预警指标以及每项预警指标的标准值；根据经营风险预警指标的标准值确定风险预警区域，即以标准值为中心划分风险预警区间（一般以标准值为中心划分五个风险预警区间）。每个风险预警区间对应相应的指标值，每个指标值对应相应的指标分值，不同的标准值设置不同的风险权重，然后根据每项预警指标的风险度计算出企业的总的经营风险度，对超出标准值的预警指标将及时提出预警信号。

（三）事项识别

报告认为事件可分为正面影响、负面影响或者两者兼而有之三种。风险是带有负面影响的，能阻止价值创造或侵蚀现有价值的事件发生的可能性；机会则是一种将会对目标实现发生正面影响的可能性的事件。在对事项进行识别时，管理当局要在组织的全部范围内考虑一系列可能带来风险和机会的内部、外部因素。事项识别包括事项、影响因素、事项识别技术、事项相互依赖性、事项类别、区分风险和机会。

企业管理当局应当识别影响企业战略实施成功和企业目标实现的潜在事项。针对风险，要求管理当局进行评估和采取措施。针对机会，管理当局应将其与企业战略目标的制定结合起来。企业管理当局在识别潜在事项时，应当从整个企业组织的角度进行考虑。过去，企业运作不够灵活不仅仅是因为其规模比较庞大，问题的根结在于企业的等级式管理结构。当机会或者风险出现的时候，通常是前线的工作人员最先感知到。企业将通过管理层逐级向上传递消息，每一层都有所延迟，直到消息到达能够决定所采取具体应对措施的最高层。然后决策延原路径向下传递，决策过程要花费很长的时间。IT 解决了以上的问题，它使得决策过程更方便，更省时。现代化的信息系统帮助企业更好、更快地进行决策，使他们能够更快地针对环境的需要做出响应。

事项识别技术对于这一阶段是非常重要的，采用什么样的技术对企业来说很重要，它关系到识别的效果和成本问题。在 IT 环境下，企业可利用过程流动分析技术来识别事项。因为在信息系统的设计阶段就已经画好了流程图，也就是说企业可以借助这些已经存在的流程图来更好的了解业务流程，以此作为事项识别的依据，及时发现和记录与该业务各过程相关的风险。

另外，事项识别过程需要收集大量信息，并将其提供给管理人员进行分析，然后形成相关报告，这些报告分给管理当局或其他人用于风险评估过程中。在 IT 环境下，以上的过程会更省时，收集信息的途径也更广泛。首先，企业可以使用网络搜索引擎来识别相关信息，给信息加上"相关性"等级；其次，对获取的信息进行分析，并把报告以电子文档形式分给发负责的管理人员。包括人工分析在内，这个过程只需要几小时就能完成。不难看出，企业要想实现持续的事项识别，离开 IT 环境恐怕很难做到。总而言之，企业可以利用电子公告牌、网络搜索引擎等工具实时收集来自企业内部和外部的信息，实现持续的事项识别。

举个例子，电子数据交换（EDI），它的优势非常明显。招标、接受询价、下订单、接收货物、付款的整个过程一天之内就可以完成。不仅销售者回笼资金的速度加快，而且采购者也只需要少量的库存就可以保持一定的贸易水平。企业只需将各种原材料的库存量输入信息系统的库存子系统中，当库存量不足时系统自动发出警报，采购的工作周期自动化，大大减少了产生错误的概率，降低了成本，实现了库存和采购控制的自动化。

（四）风险评估

COSO 将风险评估定义为识别和分析实现目标的过程中存在的重要风险，它是决定如何管理风险的基础，一旦风险得到识别，就应该对风险进行分析评估。风险评估与影响企业目标实现的潜在事项有关，管理当局应当从可能性和影响两个方面来评估事项，通常采用定量和定性的方法。管理当局根据被识别的风险的重要性来计划如何管理，即通过风险管理这个过程识别和分析风险并采取减弱风险效果的行动来管理风险。内部控制框架和风险管理框架都强调对风险的评估，但《企业风险管理——整合框架》建议更加透彻地看待风险管理。风险评估包括固有风险和剩余风险、估计可能性和影响、数据来源、评估技术、事项之间的关系。

企业首先应分清固有风险和剩余风险，然后就是利用定性和定量的方法和技术对风险进行评估。企业无须对所有的风险采用同一种评估方法，可根据不同的风险目标确定相应的风险评估方法，从而达到成本最低情况下的效益最大化目的。

IT 环境给企业带来新的风险，同时也带来了新的风险控制机会、控制工具和风险评估理念。计算机软硬件系统本身的特点和信息、数据的电子化特性都增加了企业潜在的风险，但是 IT 环境也为管理人员及时方便的发现、分析和处理各种风险提供了强大的工具。企业可以及时准确的分析、辨认企业可能发生的风险并实时的加以处理。把 IT 环境与业务活动有机的结合起来作为风险防范的工具，将大大减少错弊的发生，保证企业业务处理活动正常的进行。

我们可以将传统的风险评估过程程序化，将其嵌入软件中，由信息系统自动识别风险类型、发生的可能性和可能带来的影响。也可将定量的评估技术输入计算机，由计算机用其更客观的方式对风险进行评估。我们知道的一些风险模型（如 VaR 模型）就可以利用计量软件来分析。

计算机的使用有助于风险管理部门编译和分析经营、损失的数据，模拟不同损失情况的后果，预测损失趋势，比较各种风险控制和筹资方案的成本和效益，以及评价风险管理计划的成功和不足之处。IT 环境为实时的风险评估提供了可能，这样可以提高企业风险管理的效率。

（五）风险应对

风险应对是指管理当局在评估了相关的风险之后，所做出的防范、控制、转移、补偿风险的各种策略和措施。风险应对策略主要有回避、减缓、分担和接受4种。在制定应对策略时，管理当局应考虑成本效益原则，在风险容限度和预期范围内选择应对策略。CO-SO认为，有效的风险管理是管理者的选择能使企业风险发生的可能性和影响都落在风险的容忍度内。管理当局识别所有可能存在的机会，从主体范围或组合的角度去认识风险，以确定总体剩余风险是否在主体的风险容量之内。风险应对包括评价可能的应对措施、选定的应对和组合观。

企业首先应针对固有风险，在成本效益原则的指导下，选择适当的风险应对措施（回避、减缓、分担或接受）。然后，再针对剩余风险重复上述过程。然而，在发生频率不高或是对经济收益的影响不大的情况下，可以采用"剩余风险组合观"。通过对各个单元风险的了解，一个企业的高层管理当局能够很好地采取组合观来确定主体的剩余风险和与其目标相关的总体风险容量是否相称。

在风险应对过程中，成本与效益原则一直发挥着重要的作用。每个风险应对都会产生一些直接或间接的成本，这些成本要对照它创造的收益来衡量，如设计和实施一个应对的初始成本要考虑，维持持续应对的成本也要考虑等。

IT环境下，企业先利用管理软件对风险进行评价，针对不同的评价软件自动提供可能的风险应对方法（方案），供管理当局选择。然后，利用软件对各个应对方法的成本、效益进行分析，并提供分析数据，协助管理当局做出最后的决定。

计算机将项目经理从复杂的事项统筹安排中解放出来。现在可以同时计划几个不同的项目，并且每个不同的项目还可以输入每个活动所要求的不同资源，然后计算机可以检测所有的项目。如果几个活动在相同的时间争夺相同的资源，那么计算机还可以标识出存在冲突的资源，然后可以让计算机重新进行计划安排，以避免冲突。

数据仓库（数据库概念的延伸就是数据仓库）是企业中用来以结构化的方式存储数据的额外的计算机系统，它使得企业决策制定者能够快速地访问信息。数据仓库从现有系统（比如订单条目、总分类账和客户关系管理等系统）中复制数据，并存储到操作型系统之外。企业可以利用在线分析处理（OLAP）和数据挖掘工具对数据进行分析。用于数据挖掘的工具有两类，一类工具用于发现数据的结构和趋势，一类工具用于验证。发现性工具包括数据可视化、神经网络、聚类分析和因素分析。验证性工具是指数据统计方法，如回归分析、t 检验、相关性分析和预测等。

（六）控制活动

COSO 把控制活动定义为帮助确保管理当局的指示得到实施的政策和程序。由于控制活动是被作为适当的管理风险的工具，所以控制活动和风险评估过程是联系在一起的。它贯穿于整个组织、各个层次和不同的功能部门之间。它们包括一系列不同的活动，如批准、授权、验证、调节、经济业绩审核、资产安全以及职责分离。控制活动包括与风险应对相结合、控制活动的类型、政策和程序、对信息系统的控制和主体的特殊性。

选定了风险应对之后，管理当局就要确定用来帮助确保这些风险应对得以适当地和及时地实施所需的控制活动。控制活动确保风险应对得以恰当实施，但有时，控制活动本身就是风险应对。

IT 环境下，计算机的应用增强了控制手段和方法的多样性、灵活性，加强了内部控制的预防、检查和纠正功能，可以使企业摆脱人员和资源对内控体系有效性的限制并在企业内部形成新的控制理念：内控体系不应仅仅依赖过多的检查、审批、核准人员或复杂的控制程序，还可以依靠信息技术对其进行合理设计，业务流程再造就是很成功的例子。例如，福特汽车公司发现虽然马自达汽车公司的规模相对较小，但是它的应付账款部门只雇用了 5 个员工。受到震惊后，福特对自己的业务流程进行了再造，于是处理应付账款这项业务的员工从 500 名减少到 125 名。原因是在福特的旧式文书工作系统中会计部门必须核对采购订单中的 14 个数据项，并且在向供应商支付以前必须递交票据和发票。在实际工作中经常会出现不一致的印象，这就会带来一定的延迟，甚至需要对工作进行审查。业务流程再造以后，福特转向了"无发票式处理"。当下达一个采购订单时，一个副本就以在线的方式存储下来。当订单交付给福特公司时，货物接收员可以在线检查递交物是否和订单相一致，进而对交付进行确认。接下来系统将自动生成一张支票，并发送给供应商。这个新系统需要一个跨越采购部门、会计部门和仓库中货物接收码头的网络。

在 IT 环境下，批准、授权、验证、调节、经济业绩审核、资产安全以及职责分离等控制活动均发生了不同程度的变化。如授权、批准由原来的签字变成了软件程序或是电子签名。再如经济业务审核由原来的对纸制对象的审核变为对电子对象的审核，这需要相应的审计软件的配合才能实现。这也给传统的审计方式带来了冲击。

此外，IT 环境下，要加强对信息系统和网络平台的控制。生产计划和控制就是继会计和薪金之后，最先被计算机化的商业功能之一，如物资需求计划（MRP）。在生产控制中，计算机可以及时收集信息，并及时与计划对比，发现实际与计划的差距，可以做到及时反馈，及时应对。

（七）信息和沟通

《企业风险管理——整合框架》并没有对信息和沟通下统一的定义，可能是因为它们通常的意义已经广为人知，它认为信息尤其是大量的财务和经营信息对治理企业和实现目标来说是必不可少的；沟通是信息系统固有的部分，在更广泛的意义上，沟通在处理预期、责任和其他重要事项时都必须占有一席之地。信息是沟通的基础，沟通必须满足不同团体和个人的期望，使他们能够有效履行自己的职责。沟通越有效，管理当局就能更好地行使其监督职能，企业就越容易达到既定的目标。

每个企业都需识别和记录那些有关企业管理的外部事项和内部事项的信息——财务信息和非财务信息，并将这些信息以适当的方式在规定的期限内传达到企业员工来实施企业风险管理和其他任务。信息系统将企业内部产生的数据资料和外部事项、活动、状况等信息，提供给企业风险管理决策使用。通过在组织内上、下级之间信息传递，能够产生有效的沟通。企业必须建立一种向上反馈重要信息的沟通方式，并且在对外方面也要建立一个有效的沟通。

信息和沟通成为当今企业生存和发展的基础因素，企业越来越关注如何快速的获取正确的信息，信息在企业里如何流动才能提高及时性，信息在企业风险管理中如何发挥作用等问题。沟通是创造

"正确的"内部环境和支持企业风险管理其他要素的关键。

1. 信息

IT 环境提高了信息过程的效率和效果，《企业风险管理——整合框架》7 个要素在 IT 环境下均可实现自动化或被其影响。IT 对信息在公司中的流动发挥着重要的作用，这些信息包括与企业风险管理直接相关的信息。企业更加关注风险管理所需的信息，为了获得更大的信息连通性和可用性，他们增强了企业自身的技术结构，广泛使用 Internet 和数据交换能力。基于 IT 环境的信息战略使得实时信息的收集、保存，以及在职能部门的分配成为可能，这通常会增强信息收集，更好地控制多种数据来源，使数据的人工处理减到最小，从而能够自动分析检索和报告。

IT 环境为企业提供了一个开放的结构，可广泛使用可扩展商业报告语言 XBRL（eXtensible Business Reporting Language）、可扩展标记语言 XML（eXtensible Markup Language）和网络服务等技术以便于数据在不同或独立系统之间的集合、转换和连通。

IT 环境中网络平台提供的网络服务是公司范围或公司之间的不同应用软件之间传送数据的网际协议。它使构建网络成为非常简单的事情，网络中每个人的计算机都能被连接到其他人的计算机上，很容易对信息系统进行调整。

数据搜集、处理和储存的进步已经导致数据量呈指数级增长。IT 环境使得更多的人能及时获得更多且实时的数据。但挑战同样存在，那就是如何确保正确的信息以正确的方式、按合适的详细程度、在正确的时候流向正确的人，来避免"信息超载"。许多企业建立了结构化信息管理方法，这种方法使管理人员能够识别信息的价值并按其重要性排序，开发有效的程序和适当的工具与方法，可靠地收集、存储和分配数据。在正确的地方及时拥有正确的信息对于实现企业风险管理至关重要。

2. 沟通

管理当局提供着眼于行为期望和员工职责的具体的和指导性的沟通。它包括对主体的风险管理理念和方法的清楚地表达，以及明确的授权。有关流程和程序的沟通应与期望的企业文化一致，并支持企业文化。

沟通是连接企业风险管理其他要素的关键。例如在企业中贯彻风险管理理念就需要自下而上的沟通来推动，并要得到自上而下的信息流程的支持。除了"自上而下"的信息流动以外，沟通渠道应使员工能够在业务单元、流程或职能仓（silos）范围内沟通基于风险的信息。IT 环境恰恰为企业的沟通创造了更高效、快捷的途径和工具，如电子邮件、语音邮件、公司业务通讯等。

企业可以建立支持特定风险问题的数据库，每周召开一到两次电子邮件会议或电话会议，由企业内部互联网站点负责收集企业风险管理的有关信息，将其整合到持续公司沟通的信息中，以便于员工的访问。企业应设立首席风险官（CRO），由他定期发布业务通讯，对企业的风险情况进行报告。

还可以将有关企业风险管理的沟通逐步嵌入主体广泛、持续的沟通程序中。许多企业使用 IT 技术来促进企业风险管理的持续沟通。如企业可通过内部互联网站点发布企业风险管理的信息，这可以使所有员工容易且经常地接近企业风险管理。企业风险管理的局域网可发布以下信息：企业风险管理理念、风险管理的政策和程序、员工关注的关于风险管理的热点问题、首席风险官及相关风险管理人员的责任一览表和联系方式等。企业还应建立沟通的自动防故障机制，作为正常沟通遇到障碍时的应急机制。

举个例子，虚拟团队网络（Virtual Team Network）始建于1995年，是英国石油开发部的一个耗资1300万美元的试验计划。虚拟团队网络是由不断增加的专用计算机所组成的，这些计算机是为运行群件、视频会议、电子讨论版、扫描和传真等功能所搭建运作的。企业内部网有4000多页的页面。商业团队的高级经理使用主页来罗列现有的项目和业绩目标。职能专家使用这些页面来描述他们所必需提供的经验和专业技术。每项技术都有它自己的主页。英国石油还鼓励所有的员工在Connect（它是英国石油的知识和专业技术目录）上列出他们自己的专业技术。Connect使得员工们可以联系到专门领域的专家，只要十分钟的电话就能够帮助员工解决问题。其中的原理就是最有价值的知识存在人们的头脑里，获取这些知识最有效的方式是沟通。

（八）监督

COSO把监督看成评估企业各个时期的风险管理质量过程的一个部分，这个过程包括持续监督、个别评估或者两者的结合，而持续监督和个别评估的频率则取决于评估过程中所包含的风险水平。持续监督是对日常的管理活动采取的，个别评价则主要是根据评估风险的性质和程度，以及持续监督过程的效率来确立。企业风险管理的缺陷被向上报告，严重的问题报告给高层管理当局和董事会。

COSO认为，要使每种类型的风险管理真正有效，这八个要素必须包含在内，因为它们可以共同为企业风险管理服务。企业风险管理是一个动态的、多方向反复的过程，在这个过程中大多数风险组成要素会影响另外的部分。监督包括持续监督活动、个别评价和报告缺陷。

持续监督活动为企业提供不间断的监督控制，提供有关企业风险管理的其他构成要素的有效性的重要反馈。为了考察持续监督活动的持续有效性，企业应实施定期的个别评价。个别评价是由管理人员、内部审计职能部门、外部专家或他们联合实施的。然后将发现的缺陷上报。

IT 环境下，企业的监督可以由管理系统自动完成，可实现 24 小时不间断的实时的监督控制。及时反馈发现的问题，自动生成缺陷报告，上传到高层管理当局手中。这个过程中减少了人为因素的影响，使监督更客观、更及时。另外，人们对计算机系统的依赖性、麻痹大意以及程序运行的重复性，使得失效控制长期不被发现的风险的存在，可由适当的人员，在适当的时候对监督作出个别评价，及时评估控制的设计和运作情况，而内部审计在企业内部监督方面起着至关重要的作用。因此内部审计有必要在职能范围和技术方法等方面做一番变革。

1. 职能范围

内部审计由原来的"监督主导型"变革为"管理主导型"，此时其目标不再局限于差错和纠错，更为重要的是向企业管理当局提供及时、可靠的信息，为提高经营管理的效益而服务。

2. 技术方法

内部审计与财务联系得更加紧密，其工作重点由原来的线索审核和查找转向系统分析和设计过程等。审计技术方法由原来的单一的事后财务收支审计发展为事前、事中和事后的管理效益审计，并注重事前调查和跟踪审计，不只是发现风险，还应找出风险存在的根源，为企业的经营管理保驾护航，使得企业能够顺利前行。

第七章

总结与展望

随着大量舞弊与经营失败案例（如雷曼兄弟和贝尔斯登破产、美国国际集团深陷次贷泥潭）的发生，企业和监管部门越来越清楚地意识到内部控制有效性的缺失将会带来巨大的灾难和损失。在此背景下，COSO 委员会于 2009 年 1 月发布了《内部控制系统监督指南》。将内部控制监督技术内嵌于企业的信息系统之中，它的实施可以降低企业重大内部控制缺陷发生的可能性，但同时也给企业带来了沉重的经济负担。作者注意到了该问题的存在，希望通过本书构建的内部控制监督投资的优化模型指导企业如何投资才能在保证内部控制质量提高的前提下尽量节约成本，同时也证明了内部控制监督投资给企业带来的潜在收益。

一、总结

本书重点分析了内部控制监督的投资优化问题，构建了最优投资和分配模型，并讨论了内部控制监督投资对资本成本的影响。主要内容如下：

本书第一章介绍了选题背景及意义，对国内外有关内部控制及其监督的研究现状进行了总结、分析。简单介绍了本书的研究内容、研究方法、创新点及研究框架。

本书第二章首先介绍了国外的内部控制及其监督的框架体系，包括 COSO 的 1992 年版和 2013 年版《内部控制——整合框架》《企业风险管理——整合框架》《内部控制体系监督指南》。然后介绍了 IT 内部控制的相关内容。最后还对本书中用到的可靠性的相关概念及计算模型等做了简单介绍。

本书第三章为内部控制监督的最优投资分配建立的理论模型，利用风险率和内部控制缺陷率来计算流程可靠性，内部控制监督投资可以降低内部控制缺陷率，从而增加流程的可靠性。本章针对串、并联系统分别构建了最优投资分配模型，并将其应用于串、并联混合的实例中。

本书第四章主要讨论了针对单一流程的投资决策问题。同时提出了内部控制监督投资为企业带来的威慑效应，并克服了第三章各个流程之间相互独立的假设，提出了流程之间存在相互影响时的情况。最后通过实例说明了模型的应用。

本书第五章讨论了内部控制监督投资对资本成本的影响。内部控制监督投资可以增加流程的可靠性，提高信息的准确度，降低投资者对公司期末现金流量协方差的估计，改变管理者的投资决策，使资本成本减小。另外，内部控制监督投资增加的威慑效应使管理者的舞弊行为减少，公司的期末现金流量增加，资本成本减小。

本书第六章讨论了信息系统内部控制的实施。以 COBIT 第一个域的处理过程为代表，结合 COSO《企业风险管理——整合框架》，简要分析这两个理论在企业中的实施。然后讨论了信息系统内部控制的构成要素。

二、今后研究工作展望

今后的研究工作将包括对信息系统内部控制评价的理论研究和应用研究。具体地，研究工作主要集中在以下几个方向：

第一，对信息系统内部控制评价的理论进行研究，找到评价内部控制缺陷率和风险率的关键因素。

第二，对不确定环境下内部控制监督投资的研究。内部控制的缺陷率也好，风险率也好，都存在着不确定性，在今后的研究中应把不确定性考虑进去，使模型更加符合实际。

第三，内部控制监督投资的多目标优化研究。本书的研究重点在于找到满足最大效用和最大净收益的投资，今后的研究可以扩展为多目标优化，将最小成本或最大可靠性考虑进来。

第四，将内部控制监督投资对管理者决策的影响和减少管理者挪用资金的影响进行综合考虑，同时考虑成本效益原则，将内部控制监督投资发生的金额与管理者挪用减少的金额进行比较。

第五，证明内部控制监督投资对企业债务资本成本的影响。

流程可靠性提高，对债权人来说他们对公司违约可能性的估计将更加准确，违约发生的可能性是债务资本成本的重要决定因素之一，那么对该因素的估计越准确，公司的债务资本成本也就越低。

参考文献

［1］骆良彬，张白. 企业信息化过程中内部控制问题研究［J］. 会计研究，2008（5）：69－75.

［2］吴敬琏. 中国应当走一条什么样的工业化道路［J］. 管理世界，2006（8）：1－7.

［3］周叔莲. 推进信息化与工业化融合意义重大［N］. 人民日报（理论版），2008－06－02.

［4］谢康，肖静华，周先波，等. 中国工业化与信息化融合质量：理论与实证［J］. 经济研究，2012（1）：4－16.

［5］张亦春，佘运九. 制度变迁中的银行风险分析及内部控制［J］. 经济研究，1998（4）：38－41.

［6］王晶，彭博，熊焰韧，等. 内部控制有效性与会计信息质量——西方内部控制研究文献导读及中国制度背景下的展望（一）［J］. 会计研究，2015（6）：87－95.

［7］中国上市公司内部控制指数研究课题组. 中国上市公司内部控制指数研究［J］. 会计研究，2011（12）：20－24.

［8］WAGNER S, DITTMAR L. The unexpected benefits of

Sarbanes – Oxley ［J］. Harvard Business Review, 2006, 84（4）: 133.

　　［9］ OGNEVA M, SUBRAMANYAM K R, RAGHUNANDAN K. Internal Control Weakness and Cost of Equity: Evidence from SOX Section 404 Disclosures ［J］. Accounting Review, 2007, 82（5）: 1255 – 1297.

　　［10］ ASHBAUGH – SKAIFE H, COLLINS, KINNEY W, et al. The effect of SOX internal control deficiencies and their remediation on accrual quality ［J］. The Accounting Review, 2008, 83（1）: 217 – 250.

　　［11］ CASSELL C A, MYERS L A, ZHOU J. The Effect of Voluntary Internal Control Audits on the Cost of Capital ［J］. Ssrn Electronic Journal, 2011, 27（12）: 203 – 206.

　　［12］ GORDON L A, WILFORD A L. An analysis of multiple consecutive years of material weaknesses in internal control ［J］. The Accounting Review, 2012, 87（6）: 2027 – 2060.

　　［13］ 张然, 王会娟, 许超. 披露内部控制自我评价与鉴证报告会降低资本成本吗? ——来自中国 A 股上市公司的经验证据 ［J］. 审计研究, 2012（1）: 96 – 102.

　　［14］ 陈骏. 内部控制监管、遵循成本与监管效果——基于我国上市公司内部控制监管的经验研究 ［J］. 中南财经政法大学学报, 2014（6）: 75 – 84.

　　［15］ 陈关亭. 企业内部控制的效果、风险和成本分析 ［J］. 求实, 2005（17）: 128 – 129.

　　［16］ YU S, NETER J. A stochastic model of the internal control system ［J］. Journal of Accounting Research, 1973, 11 （2）: 273 – 295.

［17］CUSHING B E. A mathematical approach to the analysis and design of internal control systems ［J］. The Accounting Review, 1974, 49 （1）: 24 – 41.

［18］BODNAR G. Reliability modeling of internal control systems ［J］. The Accounting Review, 1975, 50 （4）: 747 – 757.

［19］KINNEY W R Jr. Decision theory aspects of internal control system design ╱ compliance and substantive tests ［J］. Journal of Accounting Research, 1975, 13 （3）: 14 – 29.

［20］HAMLEN S S. A chance – constrained mixed integer programming model for internal control design ［J］. The Accounting Review, 1980, 55 （4）: 578 – 593.

［21］NICHOLS D R. A model of auditors' preliminary evaluations of internal control from audit data ［J］. The Accounting Review, 1987, 62 （1）: 183 – 190.

［22］李享. 美国内部控制实证研究: 回顾与启示 ［J］. 审计研究, 2009 （1）: 87 – 96.

［23］ASHBAUGH – SKAIFE H, COLLINS, KINNEY W. The discovery and reporting of internal control deficiencies prior to SOX – mandated audits ［J］. Journal of Accounting and Economics, 2007, 44: 166 – 192.

［24］DOYLE J, GE W, MCVAY S. Determinants of weaknesses in

internal control over financial reporting [J]. Journal of Accounting and E-conomics, 2007, 44: 193 – 223.

[25] LEONE J. Factors related to internal control disclosure: A discussion of Ashbaugh, Collins, and Kinney (2007) and Doyle, Ge, and McVay (2007) [J]. Journal of Accounting and Economics, 2007, 44: 224 –237.

[26] KRISHNAN J. Audit committee quality and internal control: An empirical analysis [J]. The Accounting Review, 2005, 80 (2): 649 –675.

[27] KRISHNAN J, RAMA D, ZHANG Y. Costs to comply with SOX Section 404 [J] . Auditing: A Journal of Practice and Theory, 2008, 27 (1): 169 – 186.

[28] LAMBERT R, LEUZ D, VERRECCHIA R E. Accounting information, disclosure and the cost of capital [J]. Journal of Accounting Research, 2007, 45 (2): 385 –420.

[29] GE W, MCVAY S. The disclosure of material weaknesses in internal control after the Sarbanes – Oxley Act [J]. Accounting Horizons, 2005, 19 (3): 137 –158.

[30] KLAMM B K, KOBELSKY K W, WATSON M W. Determinants of the persistence of internal control weaknesses [J]. Accounting Horizons, 2012, 26 (2): 307 –333.

[31] HOGAN C E, LAMBERT T A, SCHMIDT J J. Internal control quality and restatement – related litigation: The importance of timely

material weakness disclosures [J]. SSRN Electroic Journal, 2012.

[32] TSENG C Y. Internal control, enterprise risk management, and firm performance. Simth School of Business, 2007.

[33] RICE S C, WEBER D P. How effective is internal control reporting under SOX 404? Determinants of the (non –) disclosure of existing material weaknesses [J]. Journal of Accounting Research, 2012, 50 (3): 811 – 843.

[34] COSTELLO, A M, WITTENBERG – MOERMAN R. The impact of financial reporting quality on debt contracting: Evidence from internal control weakness reports [J]. Journal of Accounting Research, 2011, 49 (1): 97 – 136.

[35] LI C, SUN L, ETTREDGE M. Financial executive qualifications, financial executive turnover, and adverse SOX 404 opinions [J]. Journal of Accounting and Economics, 2010, 50 (1): 93 – 110.

[36] NAIKER V, SHARMA D S. Former audit partners on the audit committee and internal control deficiencies [J]. The Accounting Review, 2009, 84 (2): 559 – 587.

[37] ASHBAUGH – SKAIFE H, COLLINS, KINNEY W, et al. The effect of SOX internal control deficiencies on firm risk and cost of equity [J]. Journal of Accounting Research, 2009, 47 (1): 1 – 43.

[38] ZHANG I X. Economic consequences of the Sarbanes – Oxley Act of 2002 [J]. Journal of Accounting and Economics, 2007, 44: 74 – 115.

［39］RAGHUNANDAN K, RAMA D V. SOX Section 404 material weakness disclosures and audit fees ［J］. Auditing: A Journal of Practice and Theory, 2006, 25 (1): 99 – 114.

［40］ALTAMURO J, BEATTY A. How does internal control regulation affect financial reporting? ［J］ Journal of Accounting and Economics, 2010, 49: 58 – 74.

［41］KRISHNAN G V, YU W. Do small firms benefit from auditor attestation of internal control effectiveness? ［J］ Auditing: A Journal of Practice and Theory, 2012, 31 (4): 115 – 137.

［42］SU L N, ZHAO X R, ZHOU G S. Do customers respond to the disclosure of internal control weakness? ［J］ Journal of Business Research, 2014, 67 (7): 1508 – 1518.

［43］FENG M, LI C, MCVAY S E, et al. Does Ineffective Internal Control over Financial Reporting affect a Firm's Operations? Evidence from Firms' Inventory Management ［J］. The Accounting Review, 2015 (2): 529 – 557.

［44］DE SIMONE L, EGE M S, STOMBERG B. Internal Control Quality: The Role of Auditor – Provided Tax Services ［J］. The Accounting Review, 2015 (4): 1469 – 1496.

［45］PATTERSON E R, Smith J R. The effects of Sarbanes – Oxley on auditing and internal control strength ［J］. The Accounting Review, 2007, 82 (2): 427 – 455.

［46］LEUZ C. Was the Sarbanes – Oxley Act of 2002 really this costly? A discussion of evidence from event returns and going – private decisions [J]. Journal of Accounting and Economics, 2007, 44: 146 – 165.

[47] LEUZ C, TRIANTIS J R, WANG J R. Why do firms go dark? Causes and economic consequences of voluntary SEC deregistrations [J]. Journal of Accounting and Economics, 2008, 45: 181 – 208.

[48] BENEISH M D, BILLINGS J R, HODDER L D. Internal control weaknesses and information uncertainty [J]. The Accounting Review, 2008, 83 (3): 665 – 703.

[49] GEBHARDT W R, LEE C, SWAMINATHAN B. Toward an implied cost of capital [J]. Journal of Accounting Research, 2001, 39 (1): 135 – 76.

[50] BOTOSAN C, PLUMLEE M. A re – examination of disclosure level and the expected cost of equity capital. Journal of Accounting Research [J], 2002, 40 (1): 21 – 41.

[51] EASLEY D, O'HARA M. Information and the cost of capital [J]. Journal of Finance, 2004, 59 (4): 1553 – 1583.

[52] FRANCIS J, LAFOND R, OLSSON P, et al. Costs of equity and earnings attributes [J]. The Accounting Review, 2004, 79 (4): 967 – 1010.

[53] HUGHES J, LIU J, LIU J. Information, diversification and the cost of capital [J]. AFA 2006 Boston Meetings Paper, 2004.

[54] DHALIWAL D, HOGAN C, TREZEVANT R, et al. Internal

control disclosures, monitoring, and the cost of debt [J]. The Accounting Review, 2011, 86 (4): 1131 - 1156.

[55] MUNSIF V, K. RAGHUNANDAN, RAMA D V. Early warnings of internal control problems: Additional evidence [J]. Auditing: A Journal of Practice and Theory, 2013, 32 (2): 171 - 188.

[56] HERMANSON D R, YE Z. Why do some accelerated filers with SOX Section 404 material weaknesses provide early warning under Section 302? [J] Auditing: A Journal of Practice and Theory, 2009, 28 (2): 247 - 271.

[57] KIM J, SONG B Y, ZHANG L. Internal control weakness and bank loan contracting: Evidence from SOX Section 404 disclosures [J]. The Accounting Review, 2011, 86 (4): 1157 - 1188.

[58] 王宏, 蒋占华, 胡为民, 等. 中国上市公司内部控制指数研究 [M]. 北京: 人民出版社, 2011.

[59] 吴秋生, 杨瑞平. 内部控制评价整合研究 [J]. 会计研究, 2011 (9): 55 - 60.

[60] 池国华. 基于管理视角的企业内部控制评价系统模式 [J]. 会计研究, 2010 (10): 55 - 61.

[61] 杨有红, 陈凌云. 2007 年护市公司内部控制自我评价研究——数据分析与政策建议 [J]. 会计研究, 2009 (6): 58 - 64.

[62] 陈汉文, 张宜霞. 企业内部控制的有效性及其评价方法 [J]. 审计研究, 2008 (3): 48 - 54.

[63] 朱荣恩, 应唯, 袁敏. 美国财务报告内部控制的发展及对

我国的启示 [J]. 会计研究, 2003 (8): 48-53.

[64] 陈关亭, 黄小琳, 章甜. 基于企业风险管理框架的内部控制评价模型及应用 [J]. 审计研究, 2013 (6): 93-101.

[65] 杨洁. 基于 PDCA 循环的内部控制有效性综合评价 [J]. 会计研究, 2011 (4): 82-87.

[66] 王海林. 内部控制能力评价的 IC-CMM 模型研究 [J]. 会计研究, 2009 (10): 53-59.

[67] 韩传模, 汪士果. 基于 AHP 的企业内部控制模糊综合评价 [J]. 会计研究, 2009 (4): 55-61.

[68] 骆良彬, 王河流. 基于 AHP 的上市公司内部控制质量模糊评价 [J]. 审计研究, 2008 (6): 11-18.

[69] 王立勇. 内部控制系统评价定量分析的数学模型 [J]. 审计研究, 2004 (4): 53-59.

[70] 朱卫东, 李永志, 何秀余. 基于 BP 神经网络的企业内部控制体系评价研究 [J]. 运筹与管理, 2005, 14 (4): 80-84.

[71] 王海林. 企业内部控制缺陷识别与诊断研究——基于神经网络的模型构建 [J]. 会计研究, 2017 (8): 74-80.

[72] 黄小琳, 陈关亭. 上市公司内部控制与绩效——基于行业聚类的分析 [J]. 华东师范大学学报 (哲学社会科学版) 2017 (49): 180.

[73] 张谦忠, 吴轶伦. 内部控制自我评价在宝钢的运用 [J]. 会计研究, 2005 (2): 11-17.

[74] 戴彦. 企业内部控制评价体系的构建——基于 A 省电网公

司的案例研究 [J]. 会计研究, 2006 (1): 69 - 76.

[75] 于增彪, 王竞达, 瞿卫菁. 企业内部控制评价体系的构建——基于亚新科工业技术有限公司的案例研究 [J]. 审计研究, 2007 (3): 47 - 52.

[76] 袁敏. 财务报表重述与财务报告内部控制评价——基于戴尔公司案例的分析 [J]. 会计研究, 2012 (4): 28 - 35.

[77] 陈汉文, 等. 中国上市公司内部控制指数 (2009): 之低昂、分析与评价 [N]. 上海证券报, 2010 - 06 - 11.

[78] 张先治, 戴文涛. 中国企业内部控制评价系统研究 [J]. 审计研究, 2011 (1): 69 - 78.

[79] 张会丽, 吴有红. 内部控制、现金持有及经济后果 [J]. 会计研究, 2014 (3): 71 - 78.

[80] 刘行健, 刘昭. 内部控制对公允价值与盈余管理的影响研究 [J]. 审计研究, 2014 (2): 59 - 66.

[81] 张继勋, 周冉, 孙鹏. 内部控制披露、审计意见、投资者的风险感知和投资决策: 一项实验证据 [J]. 会计研究, 2011 (9): 66 - 73.

[82] 方红星, 金玉娜. 高质量内部控制能抑制盈余管理吗?——基于自愿性内部控制鉴证报告的经验研究 [J]. 会计研究, 2011 (8): 53 - 60.

[83] 黄寿昌, 李芸达, 陈圣飞. 内部控制报告自愿披露的市场效应——基于股票交易量及股票收益波动率的实证研究 [J]. 审计研究, 2010 (4): 44 - 51.

[84] 杨德明，林斌，王彦超. 内部控制、审计质量与大股东资金占用 [J]. 审计研究，2009 (5)：74 - 80.

[85] 陈汉文，周中胜. 内部控制质量与企业债务融资成本 [J]. 南开管理评论，2014 (3)：103 - 111.

[86] 林钟高，丁茂桓. 内部控制缺陷及其修复对企业债务融资成本的影响——基于内部控制监管制度变迁视角的实证研究 [J]. 会计研究，2017 (4)：73 - 80.

[87] 谢凡，曹健，陈莹，等. 内部控制缺陷披露的经济后果分析——基于上市公司内部控制强制实施的视角 [J]. 会计研究，2016 (9)：62 - 67.

[88] 丁友刚，王永超. 上市公司内部控制缺陷认定标准研究 [J]. 会计研究，2013 (12)：79 - 85.

[89] 张俊民，芦雅婷，傅绍正. 内部控制缺陷定量认定标准与内部控制审计定价 [J]. 商业研究，2018，495 (7)：102 - 109.

[90] 芦雅婷. 董事会职能、内部控制缺陷定量认定标准与内部控制审计费用 [J]. 南京审计学院学报，2019 (2)：30 - 38.

[91] 王纹，孙健. SAP 财务管理大全 [M]. 北京：清华大学出版社，2006.

[92] 朱容恩，贺欣. 内部控制框架的新发展——企业风险管理框架 [J]. 审计研究，2003 (6)：11 - 15.

[93] 张蕾. IT 环境下基于风险管理的企业内部控制研究 [D]. 天津：天津财经大学，2007.

[94] Committee of Sponsoring Organizations of the Treadway Com-

mission（COSO）. Guidance. Guidance on Monitoring Internal Control Systems, Vol. I ［M］. Durham, NC: COSO, 2009.

［95］Committee of Sponsoring Organizations of the Treadway Commission（COSO）. Application. Guidance on Monitoring Internal Control Systems, Vol. II ［M］. Durham, NC: COSO, 2009.

［96］Committee of Sponsoring Organizations of the Treadway Commission（COSO）. Examples. Guidance on Monitoring Internal Control Systems, Vol. III ［M］. Durham, NC: COSO, 2009.

［97］吴志华, 刘丽芹. 构筑坚实的内部控制评价基础——评 COSO 内部控制监督检查指南 ［J］. 会计之友, 2008 （13）: 18 - 20.

［98］林斌, 舒伟, 李万福. COSO 框架的新发展及其评述——基于 IC - IF 征求意见稿的讨论 ［J］. 会计研究, 2012 （11）: 64 - 73.

［99］IT Governance Institute. IT Assurance Guide: Using COBIT ［M］. ISACA, 2007.

［100］Aeronautical Radio Inc. （ARINC）Reliability Engineering ［M］. Englewood Cliffs, NJ: Prentice - Hall, 1964.

［101］LEE K W, HIGGINS J J, TILLMAN F A. Stochastic modeling of human - performance reliability. IEEE Transactions on Reliability, 1988, R - 37 （5）: 501 - 504.

［102］KUO W, PRASAD VR, TILLMAN F A, 等. 最优可靠性设计: 基础与应用 ［M］. 郭进利, 等译. 北京: 科学出版

社，2011.

[103] SHI D H. A new heuristic algorithm for constrained redundancy – optimization in complex systems [J]. IEEE Transactions on Reliability, 1987, 36 (36): 621 –623.

[104] JIANPING L. A bound heuristic algorithm for solving reliability redundancy optimization [J]. Microelectronics and Reliability, 1996, 36 (3): 335 –339.

[105] CHI D H, KUO W. Optimal design for software reliability and development cost [J]. IEEE Journal on Selected Areas in Communications, 1990, 8 (2): 276 –281.

[106] MALON D M. When is greedy module assembly optimal? [J]. Naval Research Logistics Quarterly, 1990, 37: 847 –854.

[107] LIN F H, KUO W. Reliability importance and invariant optimal allocation [R]. Technical Report, Texas A&M University, College Station, TX, 1996.

[108] LIN F H, KUO W, HWANG F. Structure importance of consecutive – k – out – of – n systems [J]. Operations Research Letters, 1999, 25: 101 –107.

[109] 韩洪灵，郭燕敏，陈汉文. 内部控制监督要素之应用性发展——基于风险导向的理论模型及其借鉴 [J]. 会计研究，2009 (8): 73 –79.

[110] MASLI A, FETER G F, SANCHEZ J M, et al. Examining the potential benefits of internal control monitoring technology [J]. The

Accounting Review，2010，85（3）：1001 – 1034.

[111] HUNTON J E，MAULDIN E G，WHEELER P R. Potential functional and dysfunctional effects of continuous monitoring ［J］. The Accounting Review，2008，83（6）：1551 – 1569.

[112] 樊行健，宋仕杰. 企业内部监督模式研究——基于风险导向和成本效益原则 ［J］. 会计研究，2011（3）：49 – 53.

[113] SIMON，H. The Sciences of the Artificial ［M］. Cambridge：MIT Press，1969.

[114] LITTLEWOOD B，BROCLEHURST S，FENTON N，et al. Towards operational measures of security ［J］. Journal of Computer Security，1993，2（2）：211 – 229.

[115] 张蕾，李敏强，陈富赞，等. 内部控制监督最优投资分配模型及决策研究 ［J］. 管理科学学报，2013，16（7）：34 – 44.

[116] ARNOLD V，BEDARD J C，PHILLIPS JR，et al. Do Section 404 Disclosures Affect Investors' Perceptions of Information Systems Reliability and Stock Price Predictions? ［J］. International Journal of Accounting Information Systems，2011，12（4）：243 – 258.

[117] PALMROSE Z V. AuditRegulation a Decade after SOX：Where It Stands and What the Future Holds ［J］. Accounting Horizons，2013，27（4）：775 – 798.

[118] SHAW W H，TERANDO W D. The Cost of Compliance to Sarbanes – Oxley：An Examination of the Real Estate Investment Industry ［J］. Auditing：A Journal of Practice & Theory，2013，33（1）：177

－186.

［119］COATES J C, SRINIVASAN S. SOX after Ten Years: A Multidisciplinary Review ［J］. Accounting Horizons, 2014, 28 （3）: 627 －671.

［120］KRISHNAN G V, WANG C. Are Capitalized Software Development Costs Informative about Audit Risk? ［J］. Accounting Horizons, 2013, 28 （1）: 39 －57.

［121］CHOI J H, CHOi S, et al. The Effect of Human Resource Investment in Internal Control on the Disclosure of Internal Control Weaknesses ［J］. Auditing A Journal of Practice & Theory, 2013, 32 （4）: 169 －199.

［122］林钟高, 徐虹. 分工、控制权配置与内部控制效率研究 ［J］. 会计研究, 2009 （3）: 64 －71.

［123］林钟高, 曾祥飞, 等. 内部控制治理效率: 基于成本收益视角的研究 ［J］. 审计与经济研究, 2011 （1）: 81 －89.

［124］李连华, 唐国平. 内部控制效率: 理论框架与测度评价 ［J］. 会计研究, 2012 （5）: 16 －21.

［125］赵息, 苏秀花. 企业内部控制经济合理性分析 ［J］. 审计与经济研究, 2013 （3）: 58 －64.

［126］李连华, 杨忠智, 等. 企业内部控制效率提升路径研究——基于传化股份公司的经验与借鉴 ［J］. 会计研究, 2014 （7）: 82 －88.

［127］SMITH R, TIRAS S, VICHITLEKARN S. Internal control

assessment and substantive testing in audits for fraud ［J］. Contemporary Accounting Research, 2000, 17 (2): 327 –356.

［128］PATTERSON E R, NOEL J C. Audit strategies and multiple fraud opportunities of misreporting and defalcation ［J］. Contemporary Accounting Research, 2003, 20 (3): 519 –549.

［129］PATTERSON E R, SMITH J R. The effects of Sarbanes – Oxley on auditing and internal control strength ［J］. The Accounting Review, 2007, 82 (2): 427 –455.

［130］杨贺, 郑石桥. 审计覆盖率和审计效果: 基于威慑理论的实证研究——基于全国地方审计机关数据 ［J］. 江苏社会科学, 2015 (5): 80 –86.

［131］VARIAN H R. How to build an economic model in your spare ［J］. The American Economist, 1997, 41 (2): 3 –10.

［132］郑志刚. 投资者之间的利益冲突和公司治理机制的整合 ［J］. 经济研究, 2004 (2): 115 –125.

［133］HAUSKEN K. Income, interdependence, and substitution effects affecting incentives for security investment ［J］. Journal of Accounting and Public Policy, 2006, 25: 629 –665.

［134］HAUSKEN, K. Strategic defense and attack for series and parallel reliability systems ［J］. European Journal of Operational Research, 2008, 186: 856 –881.

［135］张蕾. 考虑威慑效应和交互效应的内部控制最优投资决策, 软科学, 2016, 30 (5): 140 –144.

[136] LEVITT A. The importance of high quality accounting standards [J]. Accounting Horizons, 1998, 12 (1): 79 – 82.

[137] LAMBERT R, LEUZ C, VERRECCHIA R E. Accounting information, disclosure, and the cost of capital [J]. Journal of Accounting Research, 2007, 45 (2): 385 – 420.

[138] LEUZ, C, VERRECCHIA R E . The economic consequences of increased disclosure [J]. Journal of Accounting Research, 2000, 38 (3): 91 – 124.

[139] VERRECCHIA R. Essays on disclosure [J]. Journal of Accounting and Economics, 2001, 32: 97 – 180.

[140] PASTOR L, STAMBAUGH R. Liquidity risk and expected stock returns [J]. Journal of Political Economy, 2003, 111 (3): 642 – 685.

[141] KANODIA C, MUKHERJI R E, SARPRA, et al. Hedge disclosures, future prices, and production distortions [J]. Journal of Accounting Research, 2000, 38 (3): 53 – 83.

[142] SHARPE W. Capital asset prices, a theory of market equilibrium under conditions of risk [J]. Journal of Finance, 1964, 19 (3): 425 – 442.

[143] LINTNER J. The valuation of risk assets and the selection of risky investments in stock portfolios and capital budgets [J]. The Review of Economics and Statistics, 1965, 47 (1): 13 – 37.

[144] DOYLE J, GE W, MCVAY. Accruals quality and internal

control over financial reporting [J]. The Accounting Review, 2007, 82 (5): 1141 - 1170.

[145] DEGROOT M. Optimal Statistical Decisions [M]. Hoboken NJ: Wiley and Sons, 1970.

[146] EASLEY D, O'HARA M. Information and the cost of capital [J]. Journal of Finance, 2004, 59 (4): 1553 - 1583.

[147] BROWN P, BALL R. Some preliminary findings on the association between the earnings of a firm, its industry, and the economy [J]. Journal of Accounting Research, 1967, 5 (3): 55 - 77.

[148] BHORAJ S, LEE C M C, OLER D. What's my line? A comparison of industry classification schemes for capital market research [J]. Journal of Accounting Research, 2003, 41 (5): 745 - 774.

[149] FREEMAN R, TSE S. An earnings prediction approach to examining intercompany information transfers [J]. Journal of Accounting and Economics, 1992, 15 (4): 509 - 523.

[150] PIOTROSKI J, ROULSTONE D. The influence of analysts, institutional investors and insiders on the incorporation of market, industry and firm - specific information into stock prices [J]. The Accounting Review, 2004, 79 (4): 1119 - 1151.

[151] LOMBARDO D, PAGANO M. Law and Equity Markets: A Simple Model. CSEF Working Paper No. 25, and CEPR Discussion Paper No. 2276, in Corporate Governance Regimes: Conver - gence and Diversity, edited by J. McCahery, P. Moerland, T. Raaijmakers, and L. Ren-

neboog [M]. Oxford, UK: Oxford University Press, 2002: 343 –362.

[152] LAMBERT R, Contracting theory and accounting [J]. Journal of Accounting and Economics, 2001, 32: 3 –87.

[153] LA POTTA R, LOPEZ – DE – SILANES, SHLEIFER, et al. Legal determinants of external finance [J]. Journal of Finance, 1997, 52 (3): 1131 –1150.

[154] 张蕾, 李敏强. 内部控制流程可靠性与资本成本的作用机理研究 [J]. 系统工程学报, 2015, 30 (6): 728 –735.